아프리카인, 신실한 기독교인, 채식주의자, 맨유 열혈 팬,
그리고 난민

논문에는 담지 못한 어느 인류학자의 난민 캠프 401일 체류기

아프리카인, 신실한 기독교인, 채식주의자, 맨유 열혈 팬, 그리고 난민

오마타 나오히코 小俣直彦
이수진 옮김

원더박스

쥬디스와의 약속을 넘어서
2019년 옥스퍼드에서

이 책이 한국어로 번역되어 여러분과 만날 수 있게 되어 매우 기쁜 마음으로 인사 말씀을 드립니다.

난민 문제를 다루는 연구자로서 일반인들은 직접 보고 듣기 힘든 '있는 그대로의 난민'의 모습을 전하고자 이 책을 썼습니다. 그렇게 하여 보다 많은 사람들이 난민에 대해 조금이라도 더 알 수 있는 기회가 된다면 좋겠다는 마음입니다.

2019년 6월 20일 세계 난민의 날을 맞아 일본어판이 세상에 나올 때만 해도, 1년 후 이 책이 한국어로 번역·출판되리라고는 미처 상상하지 못했습니다. 그래서 이번 번역판의 출간은 제게 너무나도 기쁘고 반가운 깜짝 선물 같은 일이 아닐 수 없습니다.

한국에서는 지난 몇 년간 난민 문제에 대한 관심이 부쩍 높아졌다고 들었습니다. 유엔난민기구(UNHCR)의 최신 자료에 따르면, 한국 국내에만 3,000명에 가까운 난민이 체류하고 있다고 합니다. 또한 최근에는 이 책에서도 소개한 '재정착' 제도를 통해 미얀마 난민들을 받아들여 보호하고 있습니다. 특히 주목할 점은 한국으로의 난민 신청 건수가 2018년 기준 16,000건을 넘는 등 최근 몇 년에 걸쳐 급증하고 있다는 사실입니다. 같은 해 일본으로 난민 지위를 신청한 수는 10,500여 건으로, 이는 전보다(2017년 19,629건) 크게 감소한 수치입니다. 이제 안주할 곳을 찾는 난민들이 일본보다 한국을 훨씬 많이 택하고 있습니다.

이 책의 원고는 대부분 2017년에 집필했습니다만, 안타깝게 그 후에도 난민들이 처한 상황이 개선되었다고 말하긴 어렵습니다. 난민의 규모는 2017년 당시와 비교할 때 100만 명가량 증가하여, 현재 2,600만 명을 넘어섰습니다. 최악의 상황을 꾸준히 갱신하고 있는 것입니다. 이 책을 집필하던 당시에는 아프리카나 중동의 난민들에게 관심이 집중되었습니다만, 최근 몇 년 사이 미얀마나 베네수엘라 등 아시아와 라틴 아메리카에서도 상당한 규모의 사람들이 분쟁·박해·폭력 등으로 모국을 떠나 난민이 되었습니다.

그리고 현재는 코로나 바이러스의 영향으로 인도적 지원 기관의 활동이 큰 폭으로 제한되어, 난민들에 대한 지원 또한 급속도로 차단되고 있는 실정입니다.

난민의 수난 시대는 지금도 계속 이어지고 있습니다.

저는 이처럼 엄중한 시기에 이 책의 한국어판이 출판된다는 것에 특별한 의의가 있다고 생각합니다.

안타깝게도 난민 문제는 빠른 시일에 해결을 기대할 수 있는 문제가 아닙니다. 그러나 이들의 존재를 잊지 않고 해결을 위한 논의를 계속 이어가는 것은 가능합니다. 이때 우리가 기억해야 할 것은 난민이 된 특정 인종이나 민족이 아니라, '우리 중 누구나 난민이 될 가능성이 있다'는 사실입니다. 난민 문제를 '그들의 문제'가 아닌 '우리들의 문제'로 다시금 돌아보는 것, 그리고 이를 위해 그들을 '알아 가는 것'이야말로 난민 문제의 해결을 향한 첫 걸음이라는 생각에 변함이 없습니다.

이 책이 한국에 계신 여러분들에게 난민 문제라는 글로벌 이슈를 보다 가까이에 있는 '우리들의 문제'로 생각하는 계기가 되어, 앞으로 함께 이야기를 나누는 데 도움이 된다면 제게는 더할 나위 없는 기쁨이 될 것입니다.

마지막으로, 이 책의 일본어판을 출판한 코부나서점의 코부나 유키코 님께 이 자리를 빌려 다시 한번 감사의 말씀을 전합니다. 덕분에 난민들의 이야기가 많은 독자들에게 전해질 수 있었습니다. 그리고 한국어판의 출판을 이끌어 주고 번역까지 담당해 주신 이수진 님께 진심으로 감사드립니다. 박사 과정 공부로 바쁜 중에도 세계 난민의 날인 6월 20일에 출간될 수 있도록 많은 노력을 기울여 주셨습니다. 한국어판을 출판하는 원더박스와, 기획과 편집을 맡아 애써 주신 정회엽 님께도 깊은 감사의 마음과 인사를 전합니다. 한국에 계신 독자 여러분과 만나 뵐 수 있는 기회를 만들어 주셔서 정말 감사합니다.

2020년 세계 난민의 날에
오마타 나오히코

차례

등장인물 소개

* 이 책에 등장하는 부두부람 캠프의 라이베리아 난민들을 소개합니다.
(나이는 인터뷰 당시 기준)

나의 동거인들

- 팬튼(37세, 내 룸메이트): 난민 초등학생과 중학생을 대상으로 학원을 운영 중이다. 일요일에는 캠프 안에 있는 교회에서 목사로도 활동하고 있다. 젊은 난민들이 믿고 따르는 형 같은 존재. 나이지리아 유학에서 돌아오던 중 캠프에 발이 묶이고 말았다.
- 샘(19세): 팬튼이 운영하는 학원의 원생.

친하게 지내던 친구들

- 알폰소(38세): 난민이 되면서 라이베리아에서 대학원을 중퇴한 교육자로, 학문의 길로 돌아가기 위해 캠프에서도 연구를 계속하고 있다.
- 에머슨(23세): 아버지를 잃었다. 미국의 대학에서 농업을 공부하고 싶다는 꿈이 있다.

- 새뮤얼(20세): 쾌활해 보이지만 사실은 트라우마가 가득한 과거를 지니고 있다. 어떤 호주 사람의 양자로 들어가는 이야기가 진행 중이다.
- 어네스티(34세): 내전 중 반정부군에 의해 남편을 잃었다. 다섯 명의 자녀들과 함께 근근이 생계를 이어 나가고 있다.

나의 연구 보조원들

- 조셉(34세): 가나에서 대학에 다니며, 캠프 내 취약층의 초등 교육을 지원하는 NGO를 설립했다.
- 페니(30대 후반): 캠프 내 유일한 개업 치과 의사로, 환자들이 줄을 잇는다. 라이베리아에서는 간호사로 일했다.
- 케빈(34세): 난민 여성 중 가정 폭력이나 성적 학대 피해자를 지원하는 NGO에서 근무하고 있다.
- 시터&존 부부(30대 중반): 캠프에서 만나 결혼한 '캠프 커플'이다. 존은 UNHCR이 지원하는 초·중학교 교사로 근무하고 있다.
- 벤자민(37세): 캠프 내 신흥 정치 조직 '카운티 대표자 연합(Heads of County)'의 멤버.

기타 등장인물

- 리차드(27세): 열네 살 때부터 4년 동안 아버지의 동료가 가족처럼 돌봐 주었다.
- 트레이시(27세): 가난한 마을 출신으로 가족과 헤어졌다. 열일곱 살 때부터 매춘부로 생활하고 있다.
- 존(30대 후반): 24시간 영업하는 인터넷 카페를 운영한다. 라이베리아 내전이 발발했던 당시 라이베리아 대학에 재학 중이었다.
- 알렉스(20대 초반): 해외 스폰서를 찾는 노하우를 제공하는 IT 컨설턴트.
- 프린스(30대 중반): 가나 사람과 함께 캠프 내 가장 큰 규모의 비즈니스를 하고 있다.
- 마틴(40세): 잘 정돈된 외모와 화술, 성격이 매력적인 무직의 독신남.
- 패트리샤(25세): 캠프에서 가장 인기 있는 미용사.
- 낸시(52세): 남편이 정부 요직에 있었던 탓에 일가족이 반란군의 주요 표적이 되었다. 유일하게 살아남은 큰딸과 함께 겨우 도망쳤다.
- 쥬디스(30대 중반): 라이베리아 대학을 졸업한 인재.
- 케네스(16세): 캠프에서 태어난 난민 2세. 같은 또래 친구들

과 함께 새로운 생계 수단을 구축하기 시작했다.

해외에서 송금을 받는 사람들

- 존스(36세): 부모님과 형이 미국에 살고 있다. 유력한 실업가
  와 정치가를 배출한 집안 출신. 드럼 연주가 취미다.
- 그레이스(34세): 저명한 외교관 집안 출신으로, 멋쟁이에 여
  유로운 분위기를 뿜낸다.
- 마사(35세): 캠프 내 식당에서 일했지만, 인터넷 친구 만들기
  사이트에서 알게 된 노르웨이 남성과 결혼해 해외에서 송금
  을 받으며 생활하고 있다.
- 빅토리아(30세): 노르웨이로 이주한 남편으로부터 송금을 받
  아 딸과 함께 생활하고 있다. 어린 시절부터 남편의 친구였던
  일가족 네 명과 함께 살며 이들을 보살피고 있다.

'무법 지대' GAP의 주민들

- 파제보(20대 중반): 소년병 출신으로, 기분이 나쁠 땐 난폭
  해진다.
- 테리(30대 후반): 군인 출신으로 GAP의 리더다. 차분한 성
  격이다.

일러두기

– 이 책은 저자가 부두부람 난민 캠프에 체류한 2008년 7월에 2009년 9월의
경험을 바탕으로 2017년에 집필되었습니다. 책 속에서 언급되는 수치들은
모두 해당 시기의 자료를 바탕으로 합니다.

– 각주는 모두 옮긴이 주입니다.

들어가며

"영국에서 대학원에 다닌다고? 부러운걸. 나도 학자의 길을 걷고 싶었지만 중단했어. 하지만 아직 포기한 건 아니야. 지금도 공부만큼은 계속하고 있어."

전구 한 개가 침침하게 비추는 방. 플라스틱 테이블을 사이에 두고 마주 앉은 그는 부드러운 미소를 띠며 나에게 이야기를 걸어왔다.

긴 속눈썹에 검은 눈동자, 멋들어진 수염, 오똑한 코 위에는 도수가 높아 보이는 두꺼운 렌즈의 둥근 안경이 얹혀 있다. 이지적인 분위기를 풍기는 그는 한 마디 한 마디 적절한 단어를 고르는 듯 천천히 이야기를 이어 갔다.

3평 남짓한 그의 방. 종이 박스로 손수 만든 책장에는 양장으로 된 두꺼운 학술 서적들이 꽂혀 있다. 공중위생, 영양학, 세계사, 교육학, 프랑스어, 약학, 신학, 개발 경제와 도시 계획에 관련된 책까지 다양하다.

그의 생활은 매우 규칙적이다. 아침 6시 기상. 7시부터는 현재 일하고 있는 중학교에서 역사와 수학을 가르치고, 오후 5시경 집으로 돌아온다. 맞벌이를 하는 부인이 준비한 저녁을 먹고 잠시 휴식을 취한 후, 초등학생 자녀 두 명의 공부를 돌봐 준다.

아이들이 잠든 후인 저녁 8시부터 밤 12시까지는 다음 날 수업을 준비하거나, 개인적인 연구 시간으로 활용한다. 현재 그의 연구 주제는 '아프리카의 신식민지주의 대두'다.

컴퓨터가 없는 그는 연구 성과를 모두 공책에 손으로 기록해 둔다. 이러한 공책이 방 한구석에 꽤 높이 쌓여 있다.

마치 수도승 같은 나날을 보내는 그지만, 때로는 모든 것을 내려놓고 즐기기도 한다. 월말마다 돌아오는 월급날 저녁은 직장 동료들과 함께 술집에서 흠뻑 취하며 시시한 농담에 박장대소하기도 하고, 상사와 동료의 흉을 보며 푸념을 늘어놓기도 한다.

그의 이름은 알폰소 코디. 올해 38세로 서아프리카의 라이베리아 공화국 출신이다. 알폰소의 아이덴티티를 나타내는 단어는 헤아릴 수 없이 많다. 남편, 아버지, 연구자, 흑인, 아프리카인, 대학원 중퇴자, 신실한 기독교인, 교육자, 인권활동가, 라이베리아파, 채식주의자, 영국 축구 특히 맨체스터 유나이티드의 열혈 팬, 그리고 난민(조국을 떠날 수밖에 없었던 사람).

이곳은 서아프리카 가나에 위치한 부두부람 난민 캠프. 내전으로 인해 고향인 라이베리아를 탈출한 수만 명의 난민들이 살고 있다. 나는 이 캠프에서 연구를 목적으로 1년하고도 수개월을 체류하며 난민들의 일상생활을 바라보았다.

2008년 7월, 이날 난 처음으로 그와 만났다.

'난민'이라는 단어

난민. 이 단어를 듣고 당신은 어떤 이미지를 떠올리는가?

구글에 '난민'이라는 단어를 검색하면 어떤 결과들이 나올까? '인터넷 카페 난민', '핸드폰 난민', '의료 난민', 요즘에는 '런치 난민'과 같은 신조어도 나온다. 안타깝게도 일본에서 난민이라는 단어가 연상시키는 이미지는 그다지 좋지만은 않은 것 같다.

일본에서 2007년 신조어·유행어 대상 후보까지 오른 '인터넷 카페 난민'을 검색해 보면 "지금까지 생활한 집 또는 숙소 등의 주거지에서 어떠한 사정으로 퇴거하고, 호텔 대신 24시간 영업하는 인터넷 카페나 만화 카페 등에서 밤을 지새우며 주로 일일 파견직으로 불리는 고용 형태를 통해 생계를 유지하는 자"(위키피디아)라는 정의를 만나게 된다.

이처럼 기묘한 신조어를 만들어 낸 사람은 "주위로부터 고립되어 미래가 보이지 않는 사람들을 보고 난민 캠프를 연상했고, 이들의 절망을 난민이라는 단어로 표현할 수밖에 없었다."라고 말한다.

'결혼을 목표로 하고 있지만 바라는 만큼의 성과가 없어 방황하는 남녀'를 나타내는 '결혼 난민', 대학을 졸업했음에도 취업을 하지 못해 좌절하는 청년들을 의미하는 '취업 난민'이라는 신조어도 보인다.

이런 신조어들은 모두 출구가 보이지는 않는, 고난에 허덕이며 안주할 곳이 없는, 앞날이 어두운 사람들을 가리키기 위해 '난민'이라는 단어를 사용하고 있다. 지금 일본에서는 많은 사람들이 고난, 실패, 절망, 고독, 폐쇄감과 같이 부정적인 이미지의 상징으로 '난민'이라는 표현을 사용하고 있는 것으로 보인다.

그러나 '난민'이라는 단어의 이러한 사용은 난민의 본래 정의와는 거리가 있다. 영어에서 난민은 'Refugee'로, 프랑스어로 피난을 뜻하는 'Refuge'를 어원으로 두고 있다. 즉, 조국을 떠나 피난처를 찾는 사람을 의미한다.

1951년 UN에서 채택된 '난민의 지위에 관한 협약'은 '인종, 종교, 국적, 정치적 의견 또는 특정 사회 집단에 속하는 것을 이유로 자국에서 박해를 받거나, 박해를 받을 위험이 있어 타국으로 피신한 자'를 난민으로 정의하고 있다.

오늘날에는 이러한 박해 외에도 전쟁이나 내전 등의 무력 분쟁으로 인한 위험을 피해 국경을 넘어 다른 나라로 이동해 비호를 구하는 사람들 또한 난민으로 보는 게 국제적인 해석이다. 앞서 말한 일본에서 말하는 '○○ 난민'이라는 신조어의 대부분이 '난민'이라는 단어가 갖는 본래의 뜻과 얼마나 동떨어져 있는지 살펴볼 필요가 있다.

난민이라는 개념의 요점은 '자국의 보호를 받지 못하여 자국 밖에서 보호를 구할 수밖에 없는'이라는 부분에 있다.

현대 사회에서 우리 시민들은 기본적으로 '국가'에 속하여 국가로부터 유·무형의 보호를 받는다. 일상생활에서 인식하는 일은 별로 없지만 일본인이 일본 정부의 보호 아래 있다는 사실은 틀림없다.

우리가 국가의 보호를 가장 크게 실감하는 때는 외국에서 분쟁이나 사고, 범죄 등의 문제에 말려들게 된 때일 것이다. 이런 경우 우리가 도움을 청하는 곳은 자국의 대사관이나 영사관이다. 이들 기관은 자국 정부의 출장 기관으로, 해당 국가에 체류하는 자국민을 보호하는 역할을 한다.

난민이란 본래, 위에 설명한 국가와 시민 간의 사회 계약 관계가 무너져, 조국 대신 국제 사회의 비호를 필요로 하는 상태에 놓인 사람을 가리킨다.

난민 지위를 인정받기 위해서는 보호를 구하는 이유가 '난민의 지위에 관한 협약'에서 규정하는 정의에 해당하는지 여부를 심사받아야 한다. 이 심사의 결과를 기다리고 있는 사람들을 '난민(비호) 신청자'라고 부른다.

이에 반해, 분쟁 등으로 인해 정든 집을 떠나야 했지만, 국경을 넘지 못하고 자국 내에서 피난 생활을 하는 사람들을 '국내 실향민'이라고 하여, 난민과 구분한다. 이들의 가장 큰 차이는 그 사람이 자국의 주권이 미치는 영토 범위 안에 있는지, 밖에 있는지에 의한다.

난민으로서 산다는 것에는 많은 제약이 수반되기 마련이다.

난민 캠프가 설치된 수용국은, 종종 난민에게 캠프 내에서만 지낼 것을 의무화하여, 허가 없이 캠프 밖으로 나오는 일을 금지한다. 일할 권리도 제한되는데, 특히 정규 일자리를 얻는 것은 사실상 불가능한 경우가 많다. 또한 수용국에서 토지나 주택 같은 부동산을 소유하는 것 역시 허용되지 않음은 물론이고, 은행이나 의료·교육과 같은 기본적인 사회 서비스의 접근이 상당 부분 제한되는 경우도 흔하다.

한편 미시적인 관점에서 볼 때, 난민이 된다는 것은 어떤 걸까? 이는 '상실'뿐 아니라 동시에 '재생'의 프로세스이기도 하다.

앞서 만난 '알폰소'는 모국 라이베리아의 내전으로 부모님과 두 명의 형제, 그리고 살아온 집과 일자리를 잃었다. 다니던 대학원에서 연구를 계속할 기회도 빼앗겼다.

그런데 피난 온 난민 캠프에서는 새로운 집을 짓고, 지금의 부인을 만나게 되었으며, 건강한 아이 둘을 얻었다. 적은 월급이지만 캠프에 있는 학교에서 새로운 일자리를 찾았고, 캠프에서 만난 다른 난민들과 새로운 인간관계를 만들어 가고 있다.

낯선 땅에서 온갖 제약을 받고, 때로는 어찌할 바를 모르고 망연자실할 때도 있지만, 난민들은 그저 그 자리에 멈춰 있는 게 아니다. 스스로 다시 삶을 개척하며 미래를 바라보고 있다.

"앞으로 목표가 뭐야?"라고 묻는 나에게 알폰소는 이렇게 말했다.

"우선, 대학으로 돌아가서 중단한 공부를 다시 하고 싶어. 가나든 라이베리아든 어디라도 좋아. 기회가 있다면 어디든지 갈 거야. 난 연구자로 성공하고 싶어. 계속 노력할 거야."

마치 스스로에게 다짐이라도 하듯이…….

"우리의 삶을 깊이 들여다봐 줘."

입장은 다르지만 이때 나도 알폰소와 마찬가지로 연구자가 되는 것을 목표로 하고 있었다.

2007년, 나는 난민 문제를 연구하기 위해 세 번째 학생 생활을 시작했다. 대학, 대학원, 그리고 이번에는 런던 대학의 박사 과정.

내가 소속되었던 런던 대학의 개발학부에서는 박사 논문을 작성하기 위해서 독자적으로 현지 조사를 해 데이터를 직접 입수하는 것이 의무였다. 내 연구 주제는 난민의 경제생활이었고, 난 현지 조사를 위한 장소로 가나에 위치한 부두부람 난민 캠프를 선택했다.

런던 대학의 박사 과정 1학년생은 학자로서의 자세와 원칙에 대해 다양한 강의를 듣게 된다. 그중에서도 가장 중요한 원칙 중 하나가 '객관성' 유지를 위해 조사 대상 인물이나 집단과 '적절한 거리'를 두는 것이었다. 조사 상대에게 심리적·물리적 거리가 너무 가까워지면, 연구자의 개인적 감정이나 주관이 개입하기 쉬워져 데이터의 객관성이 손상되기 때문이다. 이 원칙에 따르면, 부두부람 캠프에서 조사를 진행하는 동안 이곳의 난민들은 일정한 거리를 두어야만 하는 상대였다.

그런데 조사 기간 중 난 '연구자'라는 공적인 입장의 나와 난민들과 함께 생활하는 '이웃'으로서의 개인적인 나라는 서로 다른 입장 사이에서 어떻게 선을 그어야 할지 고민할 수밖에 없었다. 캠프에서 생활한다는 것은 난민들의 있는 그대로의 생활을 마주하는 것이었다. 연구자와 이웃 사이에 명확하게 공사를 구분하기에는 무리가 있었다.

난민들의 생명력 넘치고 다이내믹한 일상의 모습이, '객관성'이라는, 실은 나 자신도 제대로 알지 못하는 애매한 단어의 벽을 부수고 단숨에 거리를 좁혀 내 감정의 깊은 곳까지 파고들어 왔다. 조사를 마치고 수년이 지난 지금도 내 안에 선명히 남아 있는 것은, 학술적인 방법으로 얻은 정밀한 데이터보다는 그들과 있었던 사적인 시간과 에피소드, 그리고 그들이 오랜 세월 살아온 캠프의 '일상'이다.

내가 머물던 부두부람 난민 캠프라는 공간에서는, 분쟁을 피해 온 낯선 땅에서 예상치 못한 모습으로 만나게 된 사람들이 새로운 커뮤니티를 형성하고 서로 의존하고 인내하며 힘든 삶을 견뎌 내고 있었다. 그곳에는 난민 한 사람 한 사람이 쌓아 올린 '삶'이, 그들이 만들어 낸 '사회'가 틀림없이 존재하고 있었다.

2012년에 박사 논문을 탈고한 후, 난 이 논문에는 담을 수 없었던 난민 캠프 주민들과의 사적인 교류와, 나의 솔직한 마음을 그려 보고 싶었다.

최근 미디어에서 '난민'을 접할 기회가 눈에 띄게 늘어났다. 그러나 우리가 보도를 통해 접하는 '난민'은 극단적으로 치우친 이미지가 대부분이다.

한눈에도 정원을 훌쩍 넘게 태워 지금이라도 침몰할 것 같은 작은 배에 몸을 구겨 넣고 바다를 건너려는 사람들, 폭력이나 분쟁을 피하려고 정신없이 도망치는 군중들, 원조 기관이 나눠 주는 식량을 받으려 몰려드는 사람들, 영양실조로 비쩍 말랐거나 너덜너덜 다 헤진 넝마 조각을 겨우 걸친 채 초점 흐린 눈으로 응시하는 사람들……

이런 충격적인 영상들이 미디어에서 정보라며 제공되는 난민의 모습이다. 하지만 여기에는 난민 개개인의 '얼굴'이나 '목소리', 그리고 '이야기'가 완전히 제거되어 있다.

알폰소의 집을 처음으로 찾아갔던 첫 장면으로 돌아가 보자. 그는 내 연구 과제에 대해 열심히 질문을 던졌다.

"그래서 연구의 주제가 뭐야?"

"난민의 경제 활동. 이 캠프에서 생활하는 사람들이 어떻게 생계를 유지하는지, 어떤 생활을 하고 있는지를 조사하고 싶어."

내 대답을 되새기는 듯 천천히 고개를 끄덕이던 그는 잠시 생각에 잠기더니, 이 조사에 대해 나에게 꼭 부탁하고 싶은 것이 있다며 이렇게 말했다.

"Look into our life deeply with your own eyes and listen to our voices.(네 눈으로 직접 우리의 삶을 깊이 들여다봐 줘. 그리고 우리의 목소리에 귀 기울여 줘.)"

1

서아프리카,
그리고 라이베리아라는 나라

갈수록 늘어나는 강제 이주 피해자

'6,850만 명'

이 숫자는 무엇을 가리키는 걸까?

UN이 발표한 2017년 말 기준 세계 '강제 이주자'의 총 인구수다. 강제 이주자란 난민, 난민(비호) 신청자, 국내 실향민 등을 말한다. 이들은 무력 분쟁, 내란, 박해, 자연재해 등으로 어쩔 수 없이 정든 고향을 떠나 국내외에서 피난 생활을 해야만 하는 사람들이다. 이 숫자는 제2차 세계 대전 이후 최대로, 4년 연속 과거 최고치를 갱신하고 있다.

이 '6,850만'이라는 숫자는 일본 총 인구수의 약 절반에 해당하며, 영국의 총 인구보다도 많은 숫자다. 만약에 강제 이주자들을 모아 한 나라를 만든다면 세계에서 21번째로 인구가 많은 국가가 탄생하게 되는 것이다.

그리고, 이들 강제 이주의 3분의 1에 해당하는 2,500만 명가량이 난민이다.

일본에서는 보편적으로 논의되는 경우가 잘 없지만, 난민 문제는 이 시대의 국제 사회가 직면한 가장 중대한 문제 중 하나다.

난민의 역사는 오래되었다.

이미 기원전 740년에 고대 이스라엘 왕국에서 일부 민족이 땅을 빼앗기고 나라에서 추방되었다는 기록이 있다. 근대사를 봐도 17세기 프랑스의 위그노교도에 대한 박해, 18세기에 시작된 중유럽과 코카서스 지방의 이슬람교도 탄압, 그리고 19세기의 제정 러시아에서 일어난 유대인 배척 운동으로 많은 사람들이 난민이 되었다.

20세기는 난민의 시대라고 해도 과언이 아닐 정도다. 러시아 혁명, 오스만 제국의 붕괴, 거기다 두 차례나 발생한 세계 대전으로 인해 수많은 사람들이 조국을 떠나야만 했다. 특히 1945년 제2차 세계 대전이 끝난 후에는 4,000만 명이 넘는 유럽인이 난민이 되었다.

제2차 세계 대전이 끝나고 막대한 규모의 난민을 귀환시키기 위해 1950년에 설립된 조직이 바로 유엔난민기구(UNHCR)다. 그 다음 해인 1951년에는 UN에서 난민의 정의와 기본 권리를 규정한 '난민의 지위에 관한 협약'이 채택되었다.

덧붙이자면, 일본도 이 난민 협정의 비준국이다. 1970년대 후반 발생하기 시작한 인도차이나 난민을 지원하고 수용하면서 1981년 이 협약에 가입했다.[*]

그러나 난민 발생은 멈출 기미를 보이지 않았고, UNHCR의

:: 　대한민국은 1992년에 난민 협약에 가입·비준했다. 이후 출입국관리법에 난민에 관한 조항을 만들어 1994년부터 난민 신청을 받기 시작했다. 2013년에는 아시아 최초로 독립된 난민법을 시행하기에 이르렀다.

업무 범위도 계속 확대되었다.

1979년 구소련의 아프가니스탄 침공, 1990년대의 구 유고슬라비아 분쟁, 그리고 1994년에 르완다에서 일어난 후투족과 투치족 간의 대량 학살은 막대한 규모의 난민을 발생시켰다.

21세기에 들어섰지만 비극은 계속되어 2003년에 수단 서부의 다르푸르(Darfur) 지역에서 시작된 내전으로, 미국 주도하에 '테러와의 전쟁'이라는 이름으로 일어난 아프가니스탄·이라크 침공으로 수십만 명에 달하는 사람들이 고향을 등져야 했다. 그리고 시리아에서는 지금도 계속되고 있는 참혹한 내전으로 약 600만 명의 난민이 발생하고 말았다.

이와 같은 난민 문제에 대해 종종 오해를 사는 부분이 있다. 근래의 보도를 보면 '유럽 난민 위기'나 '세계 난민 위기'와 같은 말이 자주 보이면서 마치 세계의 난민들이 선진국으로 밀려드는 것과 같은 인상을 주는데, 유럽과 그 외 선진국에 갈 수 있는 난민은 극소수에 불과하다.

앞서 설명한 것처럼 세계에는 2,500만 명이 넘는 난민이 있는데, 그중 90% 가까운 인구가 개발도상국에서 생활하고 있다. 350만 명의 난민을 보호하고 있는 터키를 시작으로, 파키스탄, 우간다, 레바논, 이란이 2017년 기준으로 난민 수용 규모 상위 5위까지 차지하고 있다.

유엔난민기구 = UNHCR(Office of the United Nations High Commissioner for Refugees)

… '인도적 지원'을 실행한다.

유엔개발계획 = UNDP(United Nations Development Programme)

… '개발 지원'을 실행한다.

수용국(난민을 받아들이는 국가)
… 90%가량이 개발도상국

↑ 경제적으로 여유가 없는 수용국을 지원

공여국(지원을 제공하는 국가)
… 선진국

'난민 캠프'를 검색해 보고 안 사실

조국을 떠난 난민을 수용하기 위해 가장 널리 사용되는 방법이 바로 '난민 캠프'다.

난민이 발생하게 된 나라의 절대다수가 개발도상국으로, 보통 그 주변에 있는 개발도상국이 난민 수용국이 됨과 동시에 그곳에 '난민 캠프'가 설치된다. 예를 들어 시리아에서 온 난민의 90%는 국경을 맞대고 있는 터키, 레바논, 요르단에 체류하고 있다.

그리고, 난민을 가장 많이 수용하고 있는 곳이 바로 아프리카 대륙이다. 현재 세계에는 소규모를 포함, 모두 150곳에 가까운 난민 캠프가 설치되어 있다고 하는데, 그중 약 3분의 2가 아프리카 대륙에 위치해 있다.

'난민 캠프'란 어떤 곳일까. 이번엔 '난민 캠프'를 검색해 보자. 검색 화면 가장 위에 떠오르는 위키피디아 일본어판은 '난민 캠프'를 다음과 같이 설명하고 있다.

"일반적으로 난민 캠프는, 외적인 면이나 쾌적함이 극히 최소화 되어 설계되거나, 그때의 형편에 따라 만들어지기 때문에 인간의 기본적인 욕구를 최저한의 수준에서 겨우 충족시키는 정도의 시설에 지나지 않는다. 난민이 된 원인인 내란 등의 상황이 종결되면, 난민들이 즉시 고향으로 귀환한다는 전제하에 단기간, 그리고 최소한의 필요에 맞춘 환경이 갖춰지는 것이다."

그렇다. 이 설명에서 알 수 있는 '난민 캠프'란 본래 '긴급 피난처'다. 전쟁이나 내전, 정치적 박해 등으로 인해 조국을 탈출할 수밖에 없었던 사람들이 다시 고향으로 돌아갈 때까지 우선 낯선 땅에서 숨 돌릴 수 있는, 그런 장소인 것이다.

그러나 현실에서 난민 캠프는 장기화되는 경향이 있다.

충격적인 수치가 있다. 2015년 말 UNHCR의 통계에 의하면, 2,100만 명이 넘는 난민이 평균 26년을 수용국에서 머문다. 개발도상국 주민의 평균 수명이 60대 초반이라는 사실을 생각하면, 인생의 약 4분의 1을 난민으로 살고 있는 것이다.

UNHCR은 발생 후 5년 이상 경과된 난민 집단을 '장기화된 난민 상태(Protracted Refugee Situations)'라고 정의한다. 이 'Protracted'라는 말에는 '질질 끈다'는 뉘앙스가 담겨 있다.

그리고 지금, 세계 난민의 반 이상이 이 장기화된 난민 상태에 놓여 있다. 뒤에서 보다 자세히 다루겠지만, 이 장기화된 난민 상태는 오늘날 난민 지원 현장의 관계자가 가장 힘들어하는 난제다.

'인간의 기본적인 욕구를 최저한의 수준에서 겨우 충족한다'라는 가혹한 환경에서 20년 이상의 세월을 지내면 어떻게 되는 걸까? 위키피디아는 다음과 같이 설명을 계속한다.

"지원을 받을 수 없는 캠프의 경우, 기아 현상이 발생하는데, 지원이 있다고 하더라도 공중위생 개선은 뒤로 미뤄지는 일이 많아, 콜레라와 같은 전염병이 만연하는 경우도 있다. (중략) 단기적으로 최소한의 안전과 의식주를 확보할 수 있다고 해도, 장기적인 관점에서 본다면 캠프의 불안정한 환경으로 인해 심리적 장애를 얻을 가능성도 높다. 따라서 캠프에서 태어난 아이들이 성장하는 과정에서 정신 발달에 지장이 있을 수 있다."

'기아 발생', '전염병 만연', '불안정한 환경으로 인한 심리적 장애', '아이들의 정신 발달에 지장을 줄 가능성' 등과 같은 무시무시한 내용들이 눈에 띈다. 위와 같은 인터넷 검색 결과를 종합해 보면 난민 캠프라는 장소는 상당히 가혹한 환경으로, 그곳에서 오랜 세월에 걸쳐 생활하는 사람은 심신에 큰 아픔을 안고 있다는 이야기다.

이 책의 무대가 되는 서아프리카 가나에 위치한 부두부람 난민 캠프는 장기간에 걸친 국내 분쟁으로 조국인 라이베리아를 떠나온 난민들이 20년 가까이 살고 있는 전형적인 '장기화된 난민 캠프'다.

가나? 초콜릿의 나라?

서아프리카가 어떤 곳인지 잘 감이 오지 않는 분은 수고스럽겠지만 세계 지도를 함께 봐 주시면 좋겠다. 일본이 있는 동아시아에서 좌측 아래쪽 대각선 방향으로 가다 보면 아프리카 대륙이 눈에 들어올 것이다.

나는 아프리카 대륙의 지형을 볼 때마다 1980년대에 유행했던 머리 스타일인, 머리가 앞으로 튀어나온 리젠트 스타일을 떠올리곤 한다. 이 머리를 한 사람이 옆을 보고 서 있는 모습을 그림자로 본다면 아프리카 대륙과 매우 흡사한 실루엣이 나타날 것이다. 이 그림자에서 리젠트 머리의 툭 튀어나온 끝의 아랫부분 정도가 서아프리카가 위치한 곳이다.

라이베리아도 가나도 모두 이 서아프리카에 있는 나라인데, 아무래도 가나가 더 친숙하지 않을까 싶다.

가나의 정식 국가명은 '가나 공화국'이다. 국토 면적은 일본의 3분의 2 정도로, 인구는 2017년 기준 2,880만 명이다. 기후는 열대 기후로 우기와 건기의 두 계절로 나뉘며, 우기는 3월에서 10월까지, 건기는 11월에서 2월까지다.

공용어는 영어다. 옛 영국 식민지였지만 1957년에 사하라 사막 남쪽 지역에서는 처음으로 유럽 종주국으로부터 독립한 나라로, 지금도 가나 사람들은 이를 자랑스럽게 여기고 있다.

가나의 경제는 농업, 광업에 상당 부분 의존하고 있다. 주요 수출 품목은 카카오, 금, 석유다. 최근에는 꾸준한 경제 성장률을 기록하고 있으며, 2017년 기준으로 1인당 연간 GDP는 약 1,400달러로, 세계은행의 분류에 따르면 중간 소득국에 속한다.

'가나'라는 이름을 들으면 아마 많은 사람들이 가장 먼저 떠올리는 것이 롯데제과의 '가나' 초콜릿 아닐까? 가나의 주요 수출품인 카카오가 바로 초콜릿의 원료다.

가나는 서아프리카에서 세네갈과 함께 비교적 정세가 안정된 나라로 평가된다. 수도인 아크라에는 비록 소규모이긴 하나 일

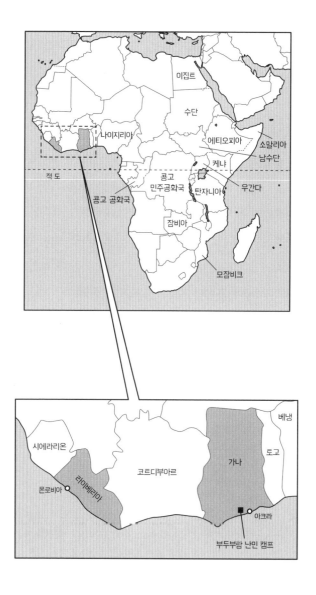

본의 무역 회사나 자동차 회사의 현지 지사도 여러 곳 영업 중이다. 2017년 10월 기준으로 가나에 체류하는 일본인의 수는 361명이 넘었다.[※]

라이베리아를 아시나요?

라이베리아라는 이름을 들었을 때 어디에 있는 나라인지 바로 머릿속에 떠오른다면 당신은 상당한 '아프리카통'이다. 외교부나 국제 협력 기관, 해외 협력단, UN이나 NGO 등 개발 원조나 인도적 지원 사업에 관련된 사람일지도 모르겠다.

아니면 뉴스를 통해 2013~2014년에 유행한 에볼라 출혈열 소식을 접하며 라이베리아라는 이름을 보고 들은 사람일 수도 있겠다.

라이베리아의 정식 명칭은 '라이베리아 공화국'이다. 국토 면적은 일본의 3분의 1 정도로, 인구는 2016년 기준으로 460만 명, 가나의 6분의 1 정도다. 아프리카 대륙에서도 비교적 작은 나라다. 공용어는 가나와 마찬가지로 영어다.

[※]　한국은 가나와 1977년 11월 14일 수교를 맺었고, 2018년 기준으로 약 2.2억 달러의 수출(자동차, 합성수지 등), 약 0.3억 달러의 수입(폐전지, 고철류 등)을 기록하고 있다. 현지 교민은 2019년 기준으로 695여 명으로 집계되고 있다.

라이베리아는 아프리카 대륙에서는 처음으로 민주적인 선거를 통해 당선된 여성 대통령 엘렌 존슨 설리프(Ellen Johnson Sirleaf)가 태어난 나라기도 하다. 설리프 대통령은 2005년에 실시된 선거에서 대통령 자리를 얻어 냈고, 2011년에는 평화 유지 활동에 여성의 참가를 촉진한 공으로 노벨 평화상을 수상한 바 있다.

일본과는 1961년에 외교 관계가 수립되어, 그 후 일본 대사관도 개설되었지만, 라이베리아 내전(1989~2003년) 중에 폐쇄되어, 주가나 일본 대사관이 라이베리아 업무를 함께 담당하는 상태가 그대로 이어지고 있다. 일본 외무성 웹사이트에 의하면 2016년 12월 기준, 라이베리아에 체류 중인 일본인은 17명이라고 한다.※

라이베리아의 주요 산업은 광업(철광석, 금, 다이아몬드)과 농림업(천연고무, 목재)으로, 국가 경제는 이 같은 천연자원 수출에 크게 의존하고 있다. 국가의 경제 기반은 취약한 편으로 2017년 기준 1인당 연간 GDP는 300달러인데, 세계 최빈국 중 한 곳에 속한다.

나는 2007년과 2009년에 라이베리아를 방문한 경험이 있다.

2003년에 종료된 내전의 끔찍한 잔상이 아직 선명하게 남아 있던 수도 몬로비아의 번화가에는 총탄의 흔적이 이곳저곳에 가득

※ 한국은 1964년 3월 18일 라이베리아와 수교를 맺었다. 2018년 기준으로 수출은 13.9억 달러(선박, 자동차 등), 수입은 358만 달러(유연탄, 알루미늄 등) 정도다. 2019년 기준 교민은 41명으로 알려져 있다.

했고, 폐허가 된 건물들이 시선을 돌리는 곳마다 눈에 띄었다. 지금은 꽤 좋아진 듯하지만 그 당시에는 내전 당시 전투병들의 무장 해제도 완전히 종료되지 못해 거리에는 총기가 돌아다니고, 밤에는 무장 강도 사건이 빈번히 발생하고 있었다.

수도나 전기 같은 사회 기반 시설의 상태도 상당히 뒤쳐져 있었다.

2007년은 인플레이션이 한창이던 시기로, 24시간 수도와 전기를 사용할 수 있는 호텔은 그것만으로도 '고급 호텔'의 축에 들어서, 가장 싼 방이더라도 하룻밤 숙박료가 150달러 아래로 떨어지지 않았다.

한편, 이곳 사람들은 개방적이고 싹싹했다. 낮에 거리를 걷고 있으면 다양한 사람들이 말을 걸어오곤 했다. 다들 나를 중국 사람이라고 생각했는지 "니 하오!"라는 인사말이 자주 들려왔다.

라이베리아는 풍요로운 자연환경을 지닌 나라이기도 하다.

내가 묵었던 숙소는 바다와 가까웠는데, 백사장에서 바라보는 웅대한 대서양은 아름다웠고, 수도에서 차로 한 시간 정도 달리면 여기저기서 풍성한 원시림을 만날 수 있었다. 또한 밤에는 당장이라도 나에게 쏟아져 내릴 듯이 황홀하게 빛나는 수많은 별들이 손을 뻗으면 닿을 듯 가까이 보였다.

라이베리아 내전 – 아프리카 현대사에서 가장 참혹한 분쟁

대서양에 접해 있는 가나의 수도 아크라에서 서쪽으로 약 10킬로미터 정도 이동하면 부두부람 난민 캠프가 위치한 고모아 지역(Gomoa District)이 눈에 들어온다.

부두부람 난민 캠프의 역사는 꽤 오래되었는데, 라이베리아 내전이 발발하고 그다음 해인 1990년에 라이베리아에서 피난 온 난민들을 수용하기 위해 가나 정부가 설치한 시설의 형식으로 문을 열었다.

이 라이베리아 내전을 이해하는 데 필수적인 것이 바로 라이베리아라는 국가가 성립하게 된 매우 특수한 배경이다.

라이베리아는 미합중국의 해방 노예를 이주시키기 위해 1847년에 건국된, 사실상의 미국 식민지였다. 이 이주 작업은 1822년부터 '미국 식민 협회(American Colonization Society)'라는 단체의 주도로 시작되어, 당시의 토착 원주민들의 땅을 일방적으로 빌리는 형식으로 이곳에 해방 노예들을 보냈다.

'라이베리아'라는 국가명은 '해방하다'라는 뜻의 영단어 'Liberate'에서 비롯되었다. 또한 라이베리아의 수도는 해방 노예들이 이주하던 당시 미국 대통령이었던 '제임스 몬로(James Monroe)'의 이름을 따 '몬로비아'로 부르게 되었다.

또한 미국으로부터 '귀환'해 온 해방 노예를 '아메리코 라이베리안(Americo-Liberian)'이라고 부른다.

선진국인 미국에서 온 해방 노예들은 라이베리아의 원주민을 멸시하고, 철저히 탄압했다. 소수파였음에도 신생국인 라이베리아에서 부를 축적하고 정치·경제를 장악하여 20세기 후반까지 이 나라를 사실상 지배하고 있었다.

그러나 소수파 엘리트인 '아메리코 라이베리안'의 독재에 불만이 쌓이고 쌓여, 1980년 원주민 출신 장군인 '새뮤얼 도(Samuel Doe)'가 군사 쿠데타를 일으키게 되었다. 당시 라이베리아 대통령이었던 '윌리엄 톨버트(William Tolbert)'를 암살한 새뮤얼 도는 스스로 대통령으로 취임했다. 이로써 100년 넘게 이어진 '아메리코 라이베리안'의 권력 독점은 일단 막을 내린 듯했다.

그러나, 원주민 출신 첫 대통령이라며 기대를 모았던 새뮤얼 도는 유감스럽게도 한 나라의 지도자로 전혀 적합하지 않은 인물이었다.

권력을 손에 넣은 새뮤얼 도는 노골적으로 친인척을 편애하고 자신의 출신인 크란족(Krahn)을 우대하면서 국민들의 거센 반발을 사게 되었다. 결국 이 정권도 쿠데타를 맞이하게 되었다.

1989년 크리스마스에 '아메리코 라이베리안' 출신인 '찰스 테일러(Charles Taylor)'가 일으킨 쿠데타로 새뮤얼 도 정권은 붕괴되었고, 이 나라는 내전이라는 깊은 수렁에 빠지고 말았다.

라이베리아 내전은 아프리카 현대사에서 가장 참혹한 분쟁으로 일컬어지는데, 시에라리온이나 코트디부아르와 같은 다른 서아프리카 국가들도 말려들었고, 분쟁은 14년간 계속되었다.

분쟁이 계속된 14년간 약 30만 명이 사망했고, 20만 명 이상의 사람들이 분쟁을 피해 주변국으로 피신해 난민이 되었다. 부두부람 캠프에서 생활하는 라이베리아 난민의 대부분은 이 장기간 이어진 내전이 한창이던 때 탈출하여 가나로 흘러들어 온 사람들이었다.

라이베리아 내전 자체는 2003년 정전 협정으로 끝이 보이는 듯했지만, 많은 난민들은 라이베리아에 돌아가지 않고 그 후에도 주

부두부람 난민 캠프 입구에 서 있는 간판

변국에서 난민 생활을 계속했다. 이에 관해서는 제8장에서 보다 자세히 설명하겠지만, 난민들에게는 쉽게 돌아갈 수 없는 절실하고 심각한 문제가 있었다. 본국으로 돌아간 후의 주거나 생계 수단을 마련할 길이 막막할 뿐 아니라, 내전 당시 잔혹 행위를 저지른 병사들이 여전히 힘을 갖고 있는 조국 땅은 그들이 안주할 수 있는 곳이 아니었다.

내가 본격적으로 현지 조사를 시작한 2008년 당시, 부두부람 캠프는 이미 문을 연 지 18년이라는 세월이 흐른 후였고, 2만 명에 달하는 난민들이 생활하고 있었다. 그 대다수는 라이베리아에서 온 난민이었는데, 그 밖에도 코트디부아르, 시에라리온, 토고, 나이지리아와 같은 인접국에서 망명한 난민들도 소수지만 함께 지내고 있었다.

나는 왜 부두부람 캠프로 향했나

본격적인 난민 캠프 이야기로 들어가기에 앞서, 간단하게나마 왜 내가 아프리카 난민 캠프를 연구하게 되었는지에 대한 이야기를 해 보려고 한다.

나는 현재 영국 옥스퍼드 대학에서 근무하고 있는 연구자다.

이 대학의 국제개발학부에는 1982년에 설립된 난민연구센터(Refugee Studies Centre)가 있다. 난민 연구에 특화된 조사 기관으로는 세계 최초다. 30명 정도의 교직원이 근무하고 있으며(2017년 기준), 나는 난민 문제에 관한 조사 활동과 동시에 학생 상대로 강의를 하고 있다.

나는 2012년 난민연구센터에 합류했으며, 현재 전문 분야는 난민의 경제 활동에 대한 조사다. 조국을 떠나 그간의 생업을 잃게 된 이들이 어떻게 언어와 법률, 사회 제도가 다른 나라에서 새로운 생계 수단을 구축하는지를 조사하는 것이다. 이 연구 주제는 최근 몇 년간 세계적으로 큰 관심을 모으고 있다.

이는 앞서 설명한 '난민 상태의 장기화'와도 밀접한 관계가 있다.

난민에 대한 관심이 가장 높아지는 것은 이들이 분쟁 등으로 고향을 떠나 다른 나라에서 비호를 구하는 '긴급 사태'가 발생한 단계일 때다. 이 시점에는 미디어 또한 적극적으로 난민의 고통을 보도하며 공여국도 이들에 대한 지원을 아끼지 않는다.

그러나 난민들의 수용국 체류 기간이 장기화될수록 원조국의 관심은 줄어들고, 지원도 더 이상 모여들지 않게 된다. 이런 상황에서 난민들에게는 '스스로의 수입원을 확보하여 국제 원조에 기대지 않고 경제적으로 자립된 생활'을 영위할 것이 요구된다. 탁 터놓고 말하자면, "당신들을 도와줄 돈이 없으니 힘내서 스스로 알아서 살아요."라는 것이다.

하지만 지금까지 학술 연구에서 난민의 경제적인 면에 초점을 둔 조사는 극소수다. 난민들이 수많은 핸디캡을 안은 채 어떻게 일상을 살아가고 있는지에 대해서는 아직 알지 못하는 부분이 더 많다.

내 연구의 목적은 이 미지의 분야를 해명하고 난민들의 수입원이나 생활 수준을 파악하여 이들의 경제적 자립을 촉진하기 위한 정책이나 지원 방법을 제언하는 것이다. 우리의 이 연구에 대해 최근 UNHCR 등 원조 기관과 난민 수용국 정부도 관심을 보이고 있어, 세계 각지에서 연구 성과를 발표하거나 강의할 기회가 늘어나고 있다.

내 전문 지역은 아프리카다. 지금까지 모잠비크, 남아프리카 공화국, 케냐, 우간다, 에티오피아, 그리고 이 책의 무대가 될 서아프리카에서 조사 활동을 해 왔다.

내 경력은, 어딘가 현실과 동떨어진, 오로지 학계에만 머물러 온 사람이 많은 영국의 대학 교직원 사회에서는 꽤 이질적인 부류에 속한다고 생각한다.

대학에 다니던 1990년대 초반 유고슬라비아의 민족 분쟁, 르완다의 대량 학살 등을 미디어로 접한 나는, 인도적 지원과 개발 원조에 강한 관심을 갖게 되었다. 이처럼 곤경에 처한 사람들에게 기여할 수 있는 일을 하고 싶다는 생각에, 대학을 마치면 UN이나 NGO와 같은 원조 기관에 지원하겠다고 마음먹었다. 당시에

UNHCR 최고대표로 국제 무대에서 활약하던 오가타 사다코 여사의 모습 또한 내 진로 결정에 큰 영향을 주었다.

그러나 진로를 준비하면서 국제기구에 취업하기 위해서는 어느 정도의 실무 경험이 있어야 하고, 대학원에서 석사 학위 이상을 취득하는 게 필수 조건이라는 사실을 알게 되었다. 그래서 우선은 인도적 지원이나 개발 원조 등 관련 분야의 석사 학위를 받아야겠다고 결심했다. 그러나 당시 일본에는 관련 분야를 공부할 수 있는 대학원이 없었다. 유학 외에는 길이 없었다. 대학 재학 중에 세 차례 장학금에 지원했지만 모두 실패하여, 일단 유학은 잠시 미뤄 두고 일본에서 취업하기로 결심했다. 일본에서 법학부를 졸업한 나는, 1990년 중반 일본계 대형 은행에 취직했다.

금융 기관에 지원한 이유는, 당시 일본의 은행이 큰 존재감을 자랑하던 개발도상국 대상 국제 개발 금융(사회 인프라가 미비한 개발도상국에서 발전소나 댐 건설 등, 막대한 자금이 필요한 개발 사업에 유휴 자본을 제공하는 것) 업무가 해 보고 싶었기 때문이다. 이 분야라면 앞으로 국제 개발 분야의 일을 할 때 도움이 될 지식을 얻을 수 있고, 은행에서 일하면서 개발도상국 지원에 간접적으로 기여할 수 있겠다고 생각했다.

그러나 일본계 은행에서 재직하던 시절, 국제 개발 금융 분야에서 일할 기회는 좀처럼 찾아오지 않았고, 주로 기업이나 조사 업무를 맡게 되었다. 서른 살이 되던 해, 부서 이동의 시기가 다가왔다. 상사에게 국제 개발 금융 업무에 대한 내 열정을 피력했지만 바람은 이루어지지 않았다. 2년 후 다니던 은행을 관두고 국제개발학과 인도적 지원을 배우기 위해 미국 대학원 진학을 선택했다.

'유학 가려고 회사를 관뒀다'고 부모님께 말씀드리자, 아버지는 내가 미국에 MBA(경영학 석사) 취득을 위해 가는 것으로 생각하셨던 것 같다. 인도적 지원과 개발 원조를 공부하려고 한다는 설명을 드리자 한동안 아무런 말씀이 없다가 물으셨다.

"대체 그건 뭘 하는 공부야? 앞으로 어떻게 할 거야?"

예상했던 질문이었다. 어머니는 다음과 같이만 말씀하셨다.

"정말 원해서 내린 결정이라면 좋을 대로 하렴. 단, 이제 다 큰 성인이니까 학비를 내 줄 수는 없어."

자비로 가는 유학이었다. 그때까지 모은 돈과 퇴직금을 합쳤지만 모자랐다. 하는 수 없이 친한 친구에게까지 돈을 빌려 학비를 마련했다.

2004년, 미국에서 석사 학위를 취득한 나는 국제 개발 현장에 뛰어들어 국제 NGO나 UN 기구들을 전전했다. 서른세 살이 된 나에게 처음으로 주어진 국제 개발 관련 업무는 모잠비크의 난민 캠프에서 국제 NGO가 하던 마이크로 크레딧 프로그램의 운영을 보조하는 일이었다.

난민에 대한 은행 대출이 허락되지 않는 모잠비크에서 창업을 희망하는 난민을 대상으로 소액 대출을 지원하여 이들의 경제적인 자립을 돕는 것이 이 프로그램의 목적이었다.

이 일은 1년의 기간 한정으로 의뢰받은 형식이었지만, 금융 기관에서 근무하던 시절에 익힌 지식이 난민의 경제 상황 향상에 직접적으로 도움이 되고 있음을 실감할 수 있었기에 그저 기쁘기만 했다.

온갖 제약 아래에서 난민이 수용국 주민과의 마찰을 피하기 위해 주민들의 비즈니스와 경쟁하지 않는 틈새 비즈니스를 발굴하고, 독자적인 생계 수단을 만들어 가는 이 프로세스가 상당히 흥미로웠다. 이때 갖게 된 난민의 경제 활동에 대한 깊은 관심이 지금 내가 옥스퍼드 대학에서 하고 있는 연구의 기반이 되었다고 할 수 있다.

이 NGO와의 1년 계약이 끝나고 2005년에 옮겨 간 곳이 유엔 개발계획(United Nations Development Programme, UNDP)이었다. 이 기관은 UN의 국제 개발 분야를 주도하는 곳으로, 개발도상국의 사회적인 발전을 위해 빈곤 문제, 환경 보호, 민주적 통치의 촉진 등을 담당하고 있다.

UNDP에서 내가 처음 파견된 근무지가 가나였다. UNDP에서 내 주된 역할은 가나의 빈곤층 지원 및 민간 분야 개발을 위한 프로그램 조성과 운영으로, 난민 원조와 직접적인 관련은 없었다.

그러나 이미 모잠비크에서의 업무를 통해 난민의 사업가 정신에 감명받았고, 또 내 스킬을 활용하여 이들의 창업 활동과 경제 활동을 지원한다는 달성감을 맛본 터였다.

UNDP 사무소가 위치한 수도 아크라에서 얼마 멀지 않은 곳에 가나 최대의 난민 캠프인 '부두부람 난민 캠프'가 있었다. 나는 여기서 자원봉사자로 일할 기회를 찾기 시작했다.

운 좋게도 일적으로도 사적으로도 친하게 지내던 UNDP 동료가 이 캠프에서 소년병 출신자들의 갱생과 생계 수단 마련을 지원하는 NGO를 담당하고 있었는데, 우연히도 마침 자원봉사자를 모집 중이었다. 나는 이 NGO 프로그램의 진행 상황 관리를 보조하는 일을 맡았고, 부두부람의 난민들과도 밀접하게 어울릴 수 있게 되었다.

매주 주말 부두부람 캠프를 방문하게 된 나는, 점점 본업인 UNDP의 업무보다 난민 캠프에서의 봉사 활동에 더 정성을 쏟게 되었다.

이 캠프에서 생활하는 난민들의 일상생활에 제약을 가하는 복잡한 사정을 보고 들으면서, 난민 사회와 경제에 대한 지원의 어려움을 실감했고, 이러한 제약 속에서 실효성 있는 난민 원조의 형태란 과연 무엇일까 하는 의문이 내 안에서 점점 커져만 갔다.

그리고 이런 질문 속에서, 처음에 지망했던 국제기구의 직원보다는 연구를 본업으로 하는 전문적인 학자의 입장에 서서 난민 문제에 기여하고 싶다는 마음을 억누를 수 없는 나 자신을 발견했다.

연구자의 길로 전환하기 위해서는, 다시 대학원으로 돌아가 박사 학위를 취득해야 했다.

당시에 나는 30대 중반에 접어들었고, 학위를 받기까지 적어도 4~5년은 필요한 박사 과정에 도전하려면 지금이 마지막 기회라는 생각이 들었다.

실은, 연구자의 길을 걷는 것에 대해 미국에서 대학원을 졸업할 때 한 차례 심각하게 고민해 본 적이 있었다. 하지만 실무자로 커리어를 쌓은 후에도 늦지 않을 거라고 생각하고 잠시 덮어 두기로 했다. 미뤄 두었던 이 계획을 실현하려면 지금뿐이라는 생각에, 나는 2년간 근무한 UNDP를 그만두고 난민 문제의 전문가가 되겠다는 일념으로 2007년 10월 런던 대학 박사 과정에 입학했다. 당시 일본에는 커리어를 바꾸기 위한 상한선은 35세라는 인식이 있었다. 박사 과정에 입학하던 당시 내 나이는 36세. 국제기구의 자리를 그만두고 늦깎이 학생이 되기로 한 내 결정에 주변의 친지나 지인 들은 기가 막혀 했다.

대학원을 마친 후 난 문화인류학에 내 학술적 배경을 두고 있다.

대학원과 박사 과정 재학 당시 지도 교수님이 모두 저명한 여성 문화인류학자로, 난민 연구를 전문으로 하고 계셨다. 그녀들 스스로도 박사 과정 재학 당시 몇 년에 걸쳐 아프리카 벽지에서 지내며, 때로는 난민 캠프에서 생활하는 등 힘든 현지 조사를 진행했다.

나는 그분들에게 문화인류학의 기초와 조사 방법을 철저하게 훈련받았다. 그리고 난민들의 소리 없는 목소리에 귀 기울이며, 항상 '난민의 시선'에서 생각하는 법을 익혔다.

런던 대학에선 박사 과정 1년 차가 끝날 때까지 논문의 주제와 현지 조사 대상 장소를 제출할 의무가 주어진다. 위에 설명한 바와 같이 내 연구 주제는 온갖 제약을 받으며 낯선 땅에서 난민들이 어떻게 생계를 유지하는지에 대한 것이었다. 대상 장소는 주저 없이 부두부람 난민 캠프로 선택했다. 난민의 경제 활동이 활성화되어 있고 환경도 익숙했기 때문이다.

나 또한 아프리카에서 조사를 진행하는 동안 부두부람 캠프에서 지내기로 했다. 캠프 안에서 지내면서 라이베리아 난민 커뮤니티 생활의 세세한 부분까지 내 눈으로 직접 보고, 가능한 한 그들의 이야기를 내 두 귀로 듣고 싶었기 때문이다.

이렇게 박사 과정 1년 차를 마친 나는, 현지 조사를 위해 2008년 7월 부두부람 캠프로 돌아갔다. 라이베리아 난민 남성 두 명이 살고 있는 집에 비집고 들어갔다. 2009년 9월까지 13개월에 걸친 세 남자의 공동생활은 그렇게 시작되었다.

2

부두부람 난민 캠프,
20년 된 '임시' 피난처

접근성이 좋은 난민 캠프

"캠프! 캠프! 다음 정류장은 캠프! 내리는 사람 있어?"

버스 차장이 외친다.

가나의 수도 아크라에서 버스로 두 시간 정도 걸리는 부두부람 난민 캠프는 서아프리카를 횡단하는 간선 도로 옆에 자리하고 있다. 아크라에서 캠프로 가는 버스도 하루 5~6대 정도 운행되고 있어 비교적 접근성이 좋은 난민 캠프라고 할 수 있다. 아크라에서의 버스비는 1세디(약 800원)* 정도다. 캠프 입구 바로 앞에 버스 정류장이 있다.

난민 캠프라고 하면 마을에서 멀리 떨어진 사막 같은 곳에 밀집한 텐트들을 연상하는 사람이 많을 것 같다. 그러나 부두부람 난민 캠프는 여러 의미에서 볼 때 이러한 스테레오 타입과는 차이가 있다. 캠프 입구 주변은 언제나 사람들로 붐비는 모습이다. 가나인들이 모는 개인택시가 손님을 기다리며 무질서하게 서 있고, 그 사이로 행상들이 음료수나 먹기 좋게 자른 파인애플 같은 과일들을 큰 소리로 외치며 부지런히 팔려고 돌아다닌다.

※ 2020년 5월 기준 1세디는 한화로 210원 정도다. 이 책의 배경이 되는 2009년에는 연초 1세디에 1,000원을 넘다가 5월 830~850원 정도가 된 후 서서히 변동하여 연말에는 790원 정도가 된다. 이 책에서는 편의상 1세디를 한화 800원으로 계산하여 병기한다.

캠프 앞으로 뻗어 있는 간선 도로

버스에서 내린 나는 숨 돌릴 새도 없이 이런저런 물건을 파는 아이들로 에워싸였다. 아이들은 "차이나 맨!", "차이니즈!", "니 하오!" 하며 싹싹한 인사를 건넨다.

아프리카의 다른 나라들과 마찬가지로 가나의 비즈니스 시장에서도 중국인은 큰 존재감을 지니고 있는 탓에 많은 아프리카인들에게 '동아시아인=중국인'이라는 등식이 성립한다.

개중에는 "헤이, 화이트 맨!" 하며 말을 걸어오는 사람도 있다. 화이트 맨? 난 어딜 봐도 노란 피부의 동양인인데…….

이런 불가사의한 현상은 부두부람 캠프에 한정된 것만은 아니다. 서아프리카에서 '황인종'은 크게 나눠 '비흑인'으로 구분되고, 그래서 종종 '화이트 맨'에 속하게 된다.(물론 황인종과 백인종의 차이를 제대로 이해하고 있는 사람도 많다.)

서아프리카에서 처음 일하기 시작했던 당시에는 '백인'으로 불리는 것이 매우 어색했다. 한번은 "화이트 맨!"이라고 부르며 다가온 행상에게 "난 옐로지 화이트가 아닌데."라고 말했더니, 그 행상인이 "대체 너의 피부 어디가 옐로라는 거야?"라고 되물었다.

그러고 보니 그렇게 확실하게 '옐로'는 아니네…… 그렇다고 '화이트'도 아닌데……. 생각에 잠긴 나를 남겨둔 채 이 행상은 다음 손님을 찾아 자리를 떠났다.

원래의 이야기로 돌아가자. 버스 정류장에서 캠프 입구까지는 엎어지면 코 닿을 거리였다. 부두부람 캠프의 부지 면적은 약 57헥타르라고 되어 있으나, 이는 캠프가 만들어진 당시인 1990년에 가나 정부가 3,000명 정도의 라이베리아인을 위해 마련한 규모의 부지를 말하는 것이었다.

캠프가 만들어진 당시에는 아직 난민의 수가 많지 않았기에 57헥타르라는 규모의 부지에서 난민 모두가 생활할 수 있었다. 그러나 장기화되는 라이베리아 내전에 의해 이후에도 캠프에 유입되는 난민의 수가 세속 증가했고, 당초에 마련된 부지에 모든 난민을 수용할 수 없게 되었다. 새로 유입된 난민들은 할 수 없이 캠프 부지 주변에 집을 짓거나 현지 주민의 집을 빌리게 되었다.

이처럼 난민의 주거 지역이 확대되면서 캠프와 주변 지역의 경계선이 모호해졌고, 차차 라이베리아 난민과 가나 주민의 현지 커뮤니티가 '공존'하게 되었다. 이러한 공존 지역까지 포함할 경우 캠프의 면적은 100헥타르에 달할 것이다. 덧붙여 말하자면 100헥타르라는 면적은 도쿄 돔 21개에 해당하는 규모다.

개설된 지 20년 가까이 되는 이 캠프 안에는 텐트나 조립식 주택과 같은 간이 거주 시설은 이미 사라졌고, 난민들이 스스로 시멘트나 벽돌을 사용하여 지어 올린 가옥들이 줄지어 들어서 있었다.

캠프의 입지 환경은 그곳에 거주하는 난민의 생활에 큰 영향을 미친다. 행상을 하며 생계를 꾸려 나가는 난민들의 경우, 가나의 수도인 아크라에 있는 시장까지 수 시간 내에 갈 수 있다는 점이 매력적인 조건이었다. 실제로 캠프에서 생활하는 난민 중 많은 수가 소매업에 종사하고 있었다. 한편, 캠프 주변에 재배에 적합한 토지와 하천, 삼림이 없어 농업이나 수렵 등을 통해 생계를 유지하는 것은 사실상 불가능했다.

부두부람 캠프는 가나의 내무부가 총괄하고 있는데, 난민 문제 전담 부서로 1995년에 '가나 난민국(Ghana Refugee Board, GRB)'이 설치되었다. 이 가나 난민국은 현지에서 캠프를 직접 총괄하며,

캠프의 난민이 생활하는 집

이를 위해 캠프 매니저 및 보조 매니저 등 4~5명의 담당 공무원을 상시 파견하고 있다. 캠프 입구에는 가나 난민국 소속 캠프 관리팀 사무실이 있고, 그 옆에는 가나 경찰의 파출소도 설치되어 있다. 그러나 이 파출소에 근무하는 경찰은 단 한 명뿐이었다. 낮에 파출소 앞을 지나가면서 보면 이 경찰관은 기분 좋게 졸고 있거나, 뭔가 좋은 일이라도 있는 듯 핸드폰으로 즐겁게 통화하고 있거나 했는데, 캠프의 치안과 안전 유지에는 그다지 관심이 없어 보였다.

위와 같이 가나인으로 구성된 캠프 관리팀 아래에는 캠프에 거주하는 난민의 대표 기관으로 '라이베리아난민복지협회(The Liberian

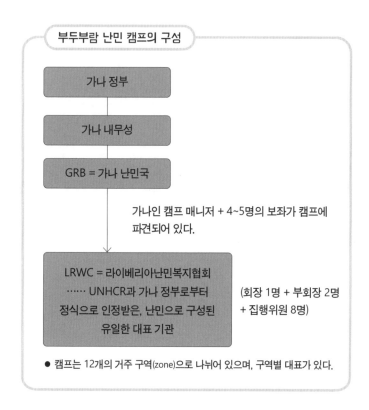

부두부람 난민 캠프의 구성

가나 정부

가나 내무성

GRB = 가나 난민국

가나인 캠프 매니저 + 4~5명의 보좌가 캠프에 파견되어 있다.

LRWC = 라이베리아난민복지협회 …… UNHCR과 가나 정부로부터 정식으로 인정받은, 난민으로 구성된 유일한 대표 기관

(회장 1명 + 부회장 2명 + 집행위원 8명)

● 캠프는 12개의 거주 구역(zone)으로 나뉘어 있으며, 구역별 대표가 있다.

Refugee Welfare Council, LRWC)'가 설치되어 있다. LRWC는 가나 정부와 UNHCR 양쪽으로부터 정식으로 인정된, 난민으로 구성된 곳으로는 유일한 대표 기관으로, 캠프 관리팀과 연대하여 캠프 운영을 돕는 것을 목적으로 하고 있다.

부두부람 캠프는 12개의 구역(zone)으로 나뉘어 있으며, 각 구역에는 LRWC로부터 임명된 구역 대표자가 있다.

식객 생활의 시작

나는 캠프에 도착하자마자 하숙집을 구하러 다녔지만 상당한 난항을 겪었다.

캠프 관리팀의 보스인 가나인 매니저 '아푼'은 나의 안전과 치안을 책임질 수 없다며 내가 캠프에서 지내겠다는 말에 난색을 표했다. 그는 도와줄 마음이 전혀 없어 보였다.

결국 예전에 캠프에서 자원봉사를 하던 시절의 인맥을 동원하여 캠프의 난민 몇 명에게 이야기를 건넸다. 잠시 후 몇 군데의 후보지가 나왔다.

곧바로 첫 후보지를 보러 갔다. 캠프에서 오랜 세월 작은 NGO를 운영하고 있는 라이베리아 난민 남성이 살고 있는 집의 빈방이었다.

방은 나쁘지 않았다. 지붕도 튼튼해서 거센 비가 내려도 걱정 없을 듯했다.

하지만 최종적으로는 거절했다. 빌릴 수 있는 방은 난민들을 위해 설치된 공동 재래식 화장실의 건너편에 있어서 창문을 열면 인간의 배설물에서 흘러나오는 뭐라고 형용하기 어려운 심한 악취가 방 안으로 스며들어 왔다.

'이 냄새에 둘러싸여 살 수는 없어!'

심한 불편함을 각오하고 갔지만, 이 악취는 내 각오를 완전히 무너뜨리고 말았다. 난 이 친절한 라이베리아 난민에게 정중하게 거절의 뜻을 전했다.

그 후 두세 곳을 돌아봤는데, 최종적으로 마음을 정한 곳이 '팬튼'이라는 30대 후반 라이베리아 난민 남성이 가나인 집주인에게서 임대한 집의 빈방이었다.

팬튼이 빌린 이 집은 시멘트 구조로, 두 평 남짓한 크기의 방이 세 개, 작은 부엌, 그리고 1제곱미터가 채 안 될 것 같은 정도의 욕실이 갖춰져 있었다. 샤워 시설은 없기 때문에 목욕을 하려면 이 작은 공간에 서서 바가지에 담겨 있는 물을 머리 위에 끼얹어야 했다.

나에게 세를 놓는다는 방은 창고로 쓰고 있었는데, 짐을 정리하면 한 명이 생활하기엔 충분한 공간이었다.

그때까지 둘러본 다른 집들과 비교할 때 확실히 전체적으로 쾌적한 느낌이 들었다. 난 바로 이 방을 빌리고 싶다고 말했다. 월세는 60세디(약 48,000원)로 합의했다.

방 안에 있던 물건들을 치운 후 근처 시장에 나가 매트리스를 사온 나는 바로 이 방에 입주했다.

팬튼은 캠프에 있는 라이베리아 난민 초등학생과 중학생을 대상으로 방과 후 보충 학습 지도를 하는, 말하자면 '학원' 같은 곳을 운영하고 있었다.

그가 가나의 부두부람 캠프까지 오게 된 경위는 좀 독특했다.

팬튼은 우수한 인재로, 1997년에서 1999년까지 신학을 공부하기 위해 나이지리아에서 유학했을 정도였다. 2년간의 과정을 수료하고 라이베리아로 귀국하던 도중 고국에서 내전이 격화되었다는 뉴스를 접한 팬튼은, 마침 지나가던 중이었던 가나에서 잠시 상황을 지켜보기로 했다. 하지만 그 후에도 내전은 끝날 기미를 보이지 않았고, 결국 이 부두부람 캠프에서 장기간 지내게 된 것이었다.

그의 아버지는 라이베리아의 수도 몬로비아에서 큰 교회를 담당하던 목사였다. 팬튼 자신도 일요일에는 목사로 변신하여 캠프의 교회에서 설교를 담당하고 있었다.

청결한 몸가짐에 항상 빳빳하게 다린 셔츠와 바지를 입는, 건강해 보이는 용모의 팬튼은 비교적 괜찮은 생활(적어도 기본적인 물자가 없어 곤란한 일이 없는)을 하고 있는 것이 확실했다. 그는 언젠가 라이베리아로 돌아가 정치가가 되고 싶다고 했다. 2008년 당시 37세였던 그는 오랜 세월에 걸친 국내 분쟁을 초래하고 수많은 국민들을 희생시킨 '올드 제너레이션(Old Generation)'의 실정(失政)에 상당히 비판적이었다.

팬튼은 라이베리아의 젊은 세대들이 주도하는 것 외에는 국가 재건을 위한 미래가 달리 없다는 신념을 지니고 있었는데, 그가 운영하는 '학원'도 그 신념의 일환이었다. 달변가에다 박식한 그는 캠프에 있는 젊은 난민들의 큰형 같은 존재였다.

팬튼의 집에는 또 한 사람, 열아홉 살이 된 '샘'이라는 이름의 난민이 함께 살고 있었다.

팬튼과 샘의 주종 관계는 누가 보아도 확실했다. 나는 처음에는 팬튼과 샘이 나이 차이가 많이 나는 형제라고 생각했는데, 나중에 이야기를 들어 보니 둘이 형제지간은 아니었다. 샘은 팬튼이 운영하는 학원의 학생이었다고 했다.

샘은 팬튼의 학원에 다녔는데, 가정 형편이 어려워 학원비를 내지 못하겠어서 그만두겠다고 말한 모양이었다. 그러자 팬튼은 학원비는 면제해 줄 테니 공부를 계속하라며 성적이 우수한 샘을 격려했다고 한다. 그러자 샘은 학원비를 면제해 준 보답으로 식사 준비와 세탁, 청소 등 팬튼의 집안일을 돕겠다며 같이 살기 시작했다는 것이었다.

내가 조사를 시작하기 2년 전에 샘은 과정을 모두 마치고 팬튼의 학원을 졸업했지만, 그 후에도 팬튼의 '비서' 같은 역할로 동거를 계속하며, 학원 일을 돕거나 집안일을 맡아 하고 팬튼에게 일정한 수고비를 받고 있었다.

팬튼과 샘이 사는 집에 내가 합류하게 된 첫날 밤, 샘이 물었다.

"당신을 뭐라고 부르면 돼?"

"나오라고 불러 줘."라는 내 답에 "흠, 이상한 이름이네."라며 중얼거리던 샘이 떠오른다.

샘은 아직 10대였지만 매우 규칙적인 모습이었다. 매일 새벽

5시에 기상하여 밤 10시에 소등하는 생활 리듬을 절대 어기지 않았다. 식사 준비는 물론, 빨래와 청소까지 척척 해내며, 남는 시간에는 책을 읽으며 보내는 그 모습은 마치 라이베리아판 니노미야 긴지로[*]를 보는 듯했다.

하지만 샘의 이런 성실하기만 한 모습이 때로는 답답하게 느껴질 때도 있었다.

이 집에서 저녁 식사는 주로 샘이 준비했는데, 내가 조사 활동으로 식사 시간에 맞춰 귀가하지 못하면 상당히 싫어했다. 가끔 불평을 듣기도 했는데, 식사 시간이 늦어지면 그만큼 샘이 저녁에 공부할 시간이 줄어들기 때문이었다.

팬튼은 샘의 엄격하고 규칙적인 이 성격을 상당이 높이 평가하며 "라이베리아처럼 느슨한 나라에는 이런 사람들이 꼭 필요하다니까."라고 칭찬하곤 했다.

난 캠프에서 살 곳을 찾으면서 동시에 내 현지 조사를 도와줄 연구 보조원도 함께 찾았다.

라이베리아의 공용어는 영어지만, 캠프에는 학교에 다니지 못해 영어를 하지 못하는 난민이 적지 않았기 때문에 이들을 인터

---

[*]　일본 에도 막부 시기의 사상가로 일본 초등학교에 동상으로 많이 서 있는데, 나무 등짐을 잔뜩 진 채 책을 읽으며 걷고 있는 모습으로 묘사되곤 한다.

뷰하기 위해서는 통역이 필요했다. 게다가 수십 건에 달하는 난민 설문조사를 해내기 위해서는 이를 보조해 줄 믿을 수 있는 인물의 도움이 필수적이었다. 영어와 라이베리아 현지어에 능통하고, 학술 조사의 보조를 할 만큼 어느 정도의 교육을 받은 난민을 찾아야 했다. 하지만 이 같은 조건을 충족하면서, 연구를 도와줄 충분한 시간이 있는 인물을 캠프에서 찾기란 결코 쉬운 일이 아니다.

나는 팬튼과 샘이야말로 이 일에 적격이라고 생각해 이 둘에게 연구 보조원으로 함께 일하지 않겠냐고 제안했다. 하지만 유감스럽게도 이들의 대답은 "No."였다. 둘 다 팬튼의 학원 일로 상당히 바쁜 탓에 양쪽을 오갈 수 없다고 했다.

그러나 내 부탁에 신경이 쓰였는지 팬튼은 대신 적합한 인물을 몇 명 소개해 주었다.

그 결과 나는 모두 다섯 명의 연구 보조원을 고용할 수 있었다. 모두 영어는 물론이고 쿠루어와 케페르어 등 여러 언어를 자유자재로 구사하는 것뿐 아니라, 캠프에서 폭넓은 인맥을 가지고 있어 인간적으로도 존경할 수 있는 부분이 많았다.

현지 조사 중 이들은 단순히 내 조수에 머물지 않고, 종종 나의 중요한 '상담 상대'가 되어 주었다. 그들은 이 책 이곳저곳에도 등장할 것이다.

캠프의 일상 풍경

원래 난민 캠프는 긴급 피난 장소로 설치되지만, 시간이 경과함에 따라 서서히 마을의 모양새를 갖춰 간다.

문을 연 지 18년 이상 지난 부두부람 캠프에는 UNHCR이나 원조 기관이 설치한 초·중학교, 도서관, 간이 클리닉, 마을 회관 등의 공공시설 외에도, 난민들이 하나둘 오픈한 상점가, 교회나 모스크, 죽은 사람들을 위한 묘지 등이 있었다. 캠프는 완전히 주변 풍경에 녹아들어 표면적으로는 가나 사람들이 사는 주변 마을과 큰 차이가 없어 보였다.

하지만 이렇게나 오랜 세월을 가나에서 살고 있음에도, 라이베리아 난민은 여러 곳에서 제한된 생활을 할 수밖에 없었다.

캠프 주민들에게는 가나의 영주권이 주어지지 않는다. 당연한 얘기지만, 가나 시민권이나 선거권도 없다.

극히 일부 예외 사례를 제외하면 여권 같은 공식적인 신분증명서도 주어지지 않는다. 이들이 낯선 땅에서 가지고 있는 유일한 신분증명서는 UNHCR과 가나 난민국(GRB)이 발행한 난민등록카드가 전부다(만약 이 카드를 잃어버리기라도 하면 재발행에 또 상당한 시간과 절차가 필요하다).

이압에 흔들리는 집단은 내부의 결속력을 다지는 것이 중요하다. 부두부람 캠프의 초·중학교 교장으로, 자신도 라이베리아에서

69

온 난민인 '카를'은 언젠가 나에게 이렇게 말했다.

"캠프에서는 결속하지 않으면 살아갈 수 없습니다. 우리들은 여기에서 아무리 오래 산다고 해도 결코 가나 사람과 동일한 대우를 받을 수 없어요. 상부상조의 정신은 난민으로 낯선 땅에서 살기 위한 삶의 지혜입니다."

캠프에서는 이웃끼리 밀접한 관계에 있는데, 이런 관계가 난민들이 하루하루를 살아가는 데 중요한 역할을 한다. 먹을 것이나 조미료가 부족할 때 서로 빌려주는 것은 일상다반사였고, 잔돈이 부족할 때 친하게 지내는 이웃에게 빌리는 경우도 종종 있었다.

이들 사이에는 영어로 'Reciprocity(상호 보완)' 관계가 성립되어 있었는데, 설사 당장 내가 먹을 것이 부족하더라도 누군가가 도움을 청하면 정말 아무것도 줄 게 없지 않은 이상 요청을 거절하지 않는다. 거절하게 되면 자신이 다음에 부탁해야 할 사정이 생겼을 때 도움을 받을 수 없기 때문이다.

덧붙이자면, 식사 중에 손님이 오면 함께 식사하자며 식탁으로 이끄는 것이 라이베리아 사람의 예의다. 나 또한 현지 조사를 시작하고 인터뷰를 하러 난민의 집을 방문했을 때 함께 식사하지 않겠냐며 초대받은 일이 몇 번이나 있었다.

이들 중 많은 사람들의 식량 사정이 넉넉하다고 할 수 없기 때문에 처음에는 정중하게 사양했지만, 나중에 룸메이트인 팬튼에게 식사 초대를 사양하는 것은 매우 실례기 때문에 사양하지 말고 응하라는 충고를 들은 후부터는 초대에 흔쾌히 응했다. 그 대신, 식사를 대접받은 보답으로 다음 인터뷰를 갈 때 시장에서 야채나 통조림을 선물로 사서 가져갔다.

그런데 개중에는 이런 관습을 이용하는 약은 사람도 있었다.

내 연구 보조원 중 한 명이었던 '페니'는 30대 후반의 생활력 강한 싱글 맘이었다. 자신의 아이 한 명에, 내전 중에 목숨을 잃은 친구의 아이까지 돌보고 있었다. 그녀의 집은 캠프 번화가에 있었는데, 지나가다 보면 늘 집 앞 세 평 정도 되는 작은 마당에 불을 피워 놓고 두 아이들과 함께 식사하는 모습을 볼 수 있었다.

점심 무렵이면 종종 그 옆집에 사는 '죠아나'가 식탁에 함께 앉아 있었다. 죠아나는 일주일에 두세 번은 꼭 점심 때 페니 집에 찾아와서 긴 수다를 늘어놓았는데, 그래서 페니는 항상 그녀를 식사에 초대할 수밖에 없었다.

"그럼 죠아나네 집 형편이 많이 안 좋은 거야?"라고 물었더니, 페니는 전혀 아니라는 듯 고개를 좌우로 저었다. 죠아나는 캠프에서 '대부업'을 하고 있었기 때문에 상당히 여유롭게 살고 있다는 것이었다.

죠아나는 매우 인색했는데 '이용할 수 있는 것은 모두 이용한다'고 생각하는 것 같았다. 식사 시간에 다른 사람의 집을 찾아가는 것 또한 그 생각을 실천하는 한 방편으로 보였다.

"오라고 하지도 않았는데 자꾸 우리 집에 와. 게다가 꼭 점심 먹을 때만 골라서 온다니까."

푸념하는 페니에게 "그럼, 같이 식사하자는 말을 하지 않으면 어때?"라고 말했더니, 잠시 망설이기는 했지만 이내 그럴 순 없다는 듯이 얘기했다. 페니 자신도 옛날에 죠아나에게 몇 번인가 돈을 빌린 일이 있다며 "사이가 나빠지면 급할 때 돈을 빌려주지 않을지도 모르니까."라고 말했다.

* * *

캠프의 일상생활에서 빼놓을 수 없는 것이 바로 교회다.

라이베리아는 크리스천이 절대다수를 차지하고 있다. 난민이 되었다고 해서 종교를 바꾸는 사람은 거의 없기 때문에, 캠프에서 지내는 라이베리아 난민 역시 거의 대부분이 크리스천이다. 무슬림이나 그 밖에 다른 종교를 믿는 사람은 극소수에 불과하다. 라이베리아난민복지협회(LRWC)가 실시한 조사에 의하면, 2009년 당시 캠프에는 모두 78개의 교회가 있었고, 모스크는 단 한 곳뿐이었다.

일요일은 예배를 위해 교회에 가는 날이다. 교회의 존재는 라이베리아 난민의 캠프 생활에서 중요한 위치를 차지하고 있었다.

오전에는 예배가 진행되고, 그 후 일부 교회에서는 '소셜 아워(Social hour)'라는 이름의 친목 모임을 가진다. 나도 친해진 난민으로부터 예배에 나오라고 초대를 받았는데, 예배가 끝난 후에 이

친목 모임에도 참가하곤 했다.

자금 여유가 있는 교회는 소셜 아워 때 콜라나 환타 같은 음료와 간식을 돌리기도 했다.

살이 타들어 가는 듯한 뙤약볕이 내리쬐는 일요일 오후, 난민들은 나무 그늘에서 함께 먹고 마시며 자신들의 꿈이나 목표를 얘기하거나, 불안이나 고민, 고충을 서로 공유한다. 많은 난민에게 일주일에 한 번 교회에 모이는 일은 앞날이 전혀 보이지 않는 캠프 생활에서 중요한 탈출구가 되었다.

우스운 얘기지만, 이 캠프 주민들의 깊은 신앙 덕분에 난 한동안 수면 부족에 시달려야 했다.

캠프에서 지내는 동안 나와 팬튼, 그리고 샘이 사는 집 옆에 새로운 교회(라고 해도 빈집 한 채를 개조한 곳이다)가 문을 열었다. 새벽 5시가 되기도 전에 신심이 돈독한 신자들이 모여들어 찬송가 테이프를 크게 틀어 놓고 기도를 시작한다. 이렇게 매일 아침 같은 일이 되풀이되었다.

불행하게도 내 방은 바로 이 교회에 접하고 있어서, 창문을 열어 놓은 채로 자고 있다 보면 내 방까지 이들의 기도 소리와 찬송가 소리가 울려 퍼진다. 매일 아침 난 이 소리에 깜짝 놀라 눈을 떴다.

팬든과 샘도, 들림없이 이 기도 소리(소음?)에 고통받고 있을 터, 어느 날 참다못한 내가 항의하러 가자고 말했더니 의외로 팬튼은 이렇게 말했다.

"우리가 가만히 있으면 아무 문제가 없을 일이야."

매일같이 수면 부족에 시달리던 나는 대체 왜 우리가 참아야 하는지 따져 물었지만, 돌아오는 대답은 다음과 같았다.

"종교 활동을 배척할 수는 없어. 게다가 교회는 우리 난민들의 정신적 안식처니까."

그러고 보니 팬튼은 학원 운영 외에도 교회 목사 일도 맡고 있었다.

그렇지만 신앙심이 깊지 못한 나는 그의 설명을 납득할 수 없었고(그보다 더 이상 수면 부족을 견딜 수 없었다), 다음 날 홀로 교회에 찾아가 항의하기로 마음먹었다.

새벽 5시, 언제나처럼 기도와 찬송가 소리에 어쩔 수 없이 눈을 뜬 나는 한시라도 빨리 이 상황을 해결하고자 칠흑 같은 어둠 속에 옆집인 그 교회로 향했다.

안을 들여다보니 이상한 광경이 눈에 들어왔다. 어슴푸레한 전등 아래로 비좁은 공간에 신자로 짐작되는 사람 열 명가량이 음악에 맞춰 이리저리 뛰고 춤추고 있었던 것이다. 그중에는 바닥에서 뱀처럼 몸을 비비 꼬고 있는 여성의 모습도 보였다. 안을 엿보고 있는 내 존재를 알아차리는 사람은 아무도 없었다. 모두 기도에 몰두한 모습이었다.

이토록 격렬하게 기도를 올리는 신자들에게 "내일부터 기도를 중지해 줬으면 좋겠다."고 말할 용기가 나지 않았고, 결국 잠시 엿보다가 포기하고 집으로 돌아왔다.

그 뒤로는 영국에서 가져온 스폰지 귀마개를 하고 잠에 드는 게 이른 아침마다 울려 퍼지는 기도 소리와 찬송가 소리에 대한 내 소소한 저항이었다.

열다섯 살 싱글 맘

캠프를 산책하다 보면 어린아이들의 모습이 눈에 들어온다. 이들은 날 발견하면 환호성을 지르며 달려온다. 내 피부색이나 직모 머리카락이 신기하게 보이나 보다. 티셔츠 밖으로 드러난 내 팔을 손가락으로 누르거나 만져 보기도 하고, 호기심 가득한 얼굴로 내 머리카락을 만져 보기도 한다.

2008년 당시 부두부람 캠프에는 다섯 살 미만 유년층의 비율이 캠프 인구의 10% 이상을 차지하고 있었다. 그리고 이 아이들 어머니의 다수가 10대 싱글 맘이었다.

약속된 인터뷰 시간에 맞춰 나타난 '제시카'는 등에 아기를 업고 있었다.

"아기가 귀엽게 생겼네, 동생이야?"

"아니, 우리 딸이야."

전에 인터뷰했을 때 그녀는 올해 열여덟 살이라고 했다. 열여덟 살에 엄마가 된 여성이 캠프에서 드물지는 않지만, 이어지는 그녀의 말에 깜짝 놀라고 말았다.

"큰딸에게 이 아이를 좀 보고 있으라고 했는데, 아직 집에 돌아오지 않아서 그냥 데리고 왔어."

태어난 지 이제 6개월이 된 아기는 제시카의 둘째 아이로, 첫째 아이를 낳은 것은 그녀가 열다섯 살 때의 일이라고 했다. 아이들의 아버지는 각각 다르다고 했다.

젊은 난민 여성을 인터뷰하면 그녀들은 보통 어린아이와 함께 나타난다.

아이 아버지는 캠프에 있는 같은 나이대의 청년이다. 아이가 생긴다고 해서 꼭 결혼으로 이어지는 것은 아니고, 태어난 아이는 어머니와 그 가족이 돌보는 패턴이 대부분이다. 아이 아버지는 육아에 일절 도움을 주지 않고, 양육비나 생활비를 주지 않는 경우도 많다.

내 연구 보조원 중 한 명인 '조셉'은 34세 남성이다. 난민이지만 가나에서 대학에 다녔는데, 그의 이지적인 말들과 넓은 인맥, 친근한 성격 등으로 조사 기간 중에 내가 가장 의지한 인물 중 한 명이다. 그는 캠프의 빈곤층을 대상으로 초등 교육을 지원하는 NGO를 설립하는 등, 높은 뜻을 가진 인물로, 다른 난민들의 존경을 받고 있었다.

조셉에게 캠프의 성도덕에 대해서 질문한 일이 있는데, 매우 솔직한 대답이 돌아왔다.

"캠프의 젊은 사람들은 달리 할 일이 없어. UNHCR이 지원하는 학교는 중학교까지만이야. 그 이상 교육을 받으려면 자비로 학비를 내야 하고, 캠프 밖에 있는 (가나의) 학교까지 통학해야 해. 대부분의 난민에겐 그럴 만한 경제적 여유가 없으니까, 결국 젊은 사람들은 캠프에서 시간을 보내야 하는 거지. 다들 에너지는 넘치는데 할 일이 없으니까 결국 성관계에 빠지게 돼. 어린 엄마들이 많은 것도 성도덕이 문란해서라기보단 젊은 사람들이 시간은 많은데 할 수 있는 일이 없기 때문이야."

그러고 보니 캠프에서는 중학교를 졸업하고 나면 학업을 계속할 수 있는 길이 사실상 닫혀 있었다. 그리고 제대로 된 일거리도 극히 소수에 불과했다. 젊음과 에너지가 넘쳐나는 10대 청년들이 '돈이 들지 않는 오락 거리'인 성관계에 빠져든다고 해도 달리 방법이 없을 것이다.

하지만 이어지는 조셉의 말은 예상치 못한 내용이었다.

"사실, 나도 아이가 한 명 있었어. 계속 만나지 못했지만."

조셉, 설마 니도 그런 거야? 근데 '있었다'니 왜 과거형인 거야?

조셉은, 10대 시절 캠프에서 사귀던 라이베리아 여성과의 사이에서 남자아이가 태어났다고 했다. 하지만 이 여성은 2003년 내전이 종결되자 아이를 데리고 라이베리아로 돌아갔다는 것이다.

이 둘이 라이베리아로 돌아간 후의 소식에 대해서 조셉은 "몰라." 하고 답할 뿐이었다.

조셉이 보인 자신의 아이와 그 엄마에 대한 무미건조한 태도는, 그때까지 내가 그에 대해 갖고 있던 '우등생' 이미지와는 거리가 멀어 당혹스러웠다.

왕따들의 안식처

부두부람 캠프 내에서는 기본적으로 아무 데나 자유롭게 드나들수 있었지만, 유일하게 예외인 구역이 바로 'GAP(갭)'이었다. 미국 의류 회사 GAP과 같은 이름이지만 당연히 이 둘은 전혀 관계가 없다. 'GAP'의 주인은 라이베리아 내전 중 그 잔혹함으로 악명을 떨친 반정부군의 게릴라나 소년병 출신자들이다.

GAP은 원래 캠프 한구석에 병사 출신들이 모여든 곳이었는데, 주변 난민들이 이들의 난폭함을 견디지 못해 점차 캠프 내 다른 구역으로 이사를 갔고, 그렇게 남겨진 빈집에 더 많은 병사 출신자들이 이사 오면서 규모가 확대되었다.

GAP은 모두 세 곳이 있었는데, 캠프의 대표 기관인 LRWC의 통제가 전혀 미치지 않았다. 이곳에는 전혀 다른 규칙이 적용되었고, 특정 멤버 외에는 출입이 금지되어 있었다. 어차피 캠프의 다른 주민들은 GAP 근처에 가고 싶어 하지 않았기 때문에 '외부인 출입 금지'를 공표할 필요도 없긴 했다.

현지 조사를 시작하고 얼마 되지 않았을 때의 일이다. 혼자 캠프 안을 돌아다니던 나는 우연히 이 GAP 중 한 곳에 들어가고 말았다.

집들이 불규칙하게 늘어선 미로 같은 길을 대충 방향 감각에 의지해서 걸어갔더니 작은 광장 같은 곳으로 나오게 되었다. 그곳에는 오두막을 개조한 바가 있었는데, 해가 중천에 뜬 오후 2시쯤이었음에도 6~7명의 남자들이 모여 있었다.

처음 보는 침입자의 존재를 알아차린 그들은 찌를 듯 날카로운 시선으로 나를 주시했다.

미니어처 위스키를 병째로 마시던 남자가 나에게 소리쳤다.

"이봐, 거기 너, 여기서 뭐하는 거야?(Hey! You! What are hell you doing here?)"

심상치 않은 분위기를 감지한 나는 가능한 한 호의적인 태도로 대답했다.

"난 조사 중인데, 여긴 그냥 지나가던 길일 뿐이야. 금방 갈게."

난 바로 다른 곳으로 가려고 했지만 남자는 육중해 보이는 체형과는 어울리지 않는 움직임으로 한순간에 내 앞으로 다가왔다.

"이봐 기다려. 도망갈 것까진 없잖아?"

이렇게 말하며 내 어깨에 걸친 가방을 난폭하게 잡아챘다. 정신을 차려 보니 나는 눈 깜짝할 사이에 5~6명의 젊은 남자들에게 둘러싸여 있었다. 모두 험악한 눈빛이었다.

"이제 보니 너 전에도 캠프에서 본 적이 있어. 여기서 뭘 하고 다니는 거냐, 차이니즈."

내 가방을 잡은 남자가 말했다. 술 냄새가 풍겨 왔다.

"난 대학원에 다니는 학생인데, 이 캠프에서 조사 활동을 하고 있어. 그리고 난 중국인이 아니라 일본인이야."

내 대답에 그 남자는 더 화가 난 듯 다가왔다.

"지금까지 너 같은 '화이트 맨'이 몇 명이고 조사하러 왔지만 그때뿐이야. 넌 뭘 조사하러 왔지?"

"캠프에서 생활하는 난민들의 경제 활동에 대해 조사하고 있어."

"그걸 조사하면 꽤 돈이 들어오겠지? 조사한 상대에게는 한 푼도 주지 않으면서 말이야. 이봐, 오늘은 우리들한테 한턱내."

"아니, 지금은 현금이 하나도 없어……."

나름대로 저항해 보았지만, 이 말이 상대를 더 자극하는 것 같았다.

남자의 목소리가 한층 거칠어졌다.

부두부람 난민 캠프 지도

❶ 캠프 입구 ❷ 내가 살았던 집 ❸ 축구장 ❹ 번화가 '18(에이틴)' ❺ GAP(이 책에 등장하는 GAP은 모두 이 5번 지역이다.) ❻❼ GAP ❽ LRWC 사무소 ❾ GRB 사무소 ❿ 캠프 클리닉 ⓫ 캠프 초등학교 ⓬ 마을 회관 ⓭ 묘지 ⓮ 가루프(가나인들이 신성시하는 덤불이나 라이베리아 난민들의 응급 화장실로 쓰여 문제가 되는 곳)

"너 같은 녀석들은 필요할 때만 '조사, 조사' 하면서 여기에 오지. 남의 인생을 물건 취급하지 말란 말이야."

점점 오해가 커져 가기만 했다. 술 한잔 사 주는 것으로 이 상황을 빠져나갈 수 있다면 그 편이 좋겠다고 생각하고 있는데, GAP의 다른 한 구석에서 익숙한 목소리가 들려왔다.

"여어, 너 나오 아냐? 오랜만이네."

목소리가 들려오는 쪽으로 고개를 돌리자 '파제보'가 있었다. 내가 UNDP에 있던 시절 매주 자원봉사를 하러 왔던, 병사 출신자들의 생계를 지원하는 NGO 멤버 중 한 명이었다.

파제보는 소년병 출신의 견실한 청년으로, 당시 20대 중반의 나이였다. 180센티미터를 훌쩍 넘는 장신에 어깨가 넓은 듬직한 체격이었다. 매끈하게 깎은 머리에, 가늘게 뜬 눈에서 뿜어 나오는 안광에서 압도감이 느껴졌다. 그날그날 기분 변화가 심해서, 기분이 좋지 않은 날이면 어떻게 손댈 수 없을 정도로 흉폭해지곤 했다. 전에 나도 몇 번이고 당한 일이 있어서 개인적으로는 전혀 좋은 기억이 없는 남자였지만, 지금 내가 믿을 수 있는 사람은 파제보뿐이었다. 나는 그 장소를 벗어나기 위해 마음에도 없는 말을 건넸다.

"파제보! 잘 지냈어? 이야, 보고 싶었다고!"

파제보는 이 GAP에서 상당히 힘이 있는 것 같았다. 파제보와 아는 사이로 보이자 내 주변을 둘러싸고 있던 남자들은 조금 전까지 뿜어내던 적의를 감추고 다시 바로 돌아갔다. 파제보에게는 내가 지금 영국의 대학에 다니고 있으며, 이번에는 조사 활동을 위해 캠프로 돌아왔다고 알기 쉽게 설명했다.

술과 마리화나로 꽤 기분이 좋아진 그는 내 말을 들으며 고개를 끄덕이더니 바에 있는 사람들을 향해 큰 소리로 외쳤다.

"이봐, 다들 잘 들어. 이 녀석은 '나오'라고 하는데 내가 있는 NGO를 계속 도와줬다. 지금은 학생으로 캠프에서 조사 활동을 하는 모양이야. 모두들 협력해 줘!"

병사 출신자들 사이에서 파제보의 영향력은 상당했다. 다음 날부터 나는 이 GAP에서 '안면 통과'였고, 때로는 버번 위스키를 따라 주는 사람도 있었다. '호가호위'는 아니지만 파제보 덕분에 자신만만해진 난 무모하게도 이 GAP에서 지내는 거친 사람들에게도 인터뷰를 요청했고, 캠프 조사 중에 몇 번이나 이 '외부인 출입금지 구역'을 방문했다.

GAP에 드나들며 막연하게 인간 관찰을 하고 있자면, 캠프의 다른 주민들이 '무법 지대'라고 부르는 이 구역에도 그들만의 질서와 위계가 존재하고 있음이 눈에 들어왔다.

GAP에는 중심적인 역할을 하는 리더가 있는데, 모두 그의 말에 절대복종한다.

내가 빈번하게 드나들던 GAP의 리더는, '테리'라는 이름의 30대 후반의 라이베리아 난민이었다. 키는 170센티미터 정도로 그렇게 크진 않지만 근육이 도드라진 팔과 마이크 타이슨을 보는 듯한 굵은 목을 가진, 어딜 봐도 군인 출신이라고 말하는 듯한 체격의 소유자였다. 실크 셔츠에 커다란 금 목걸이가 트레이드마크였던 테리는, 언제나 저녁 무렵 일어나서 GAP에 있는 바에 나온다. 그는 술도 마리화나도 거의 하지 않는, 어딘가 조용한 남자였다.

테리에게 들은 이야기로는, GAP에는 세 가지 중요한 규칙이 있다고 한다.

첫째, 멤버간의 다툼은 엄금. 둘째, GAP 이외의 장소에서 술을 마시거나 마리화나에 손대지 말 것. 그리고 마지막, 범죄에 가담하거나 경찰에게 쫓기게 되면 절대로 GAP에 오지 말 것. 이를 하나라도 어기는 멤버는 이후 GAP의 출입을 금지한다는 엄중한 규칙이었다.

첫 두 가지 규칙까지는 이해가 되었지만, 세 번째 규칙에 대해서는 설명이 좀 더 필요해 테리에게 묻자 그는 이렇게 설명했다.

"가나 경찰이 GAP에 발을 들이게 되면 그 녀석들은 범인은 물론 그곳에 있는 모든 사람을 엮어 넣을 거야. 잘못하면 아무런 관련 없는 사람들까지 구치소행이 된다고. 그런 일을 피하기 위한 규칙이지."

GAP에 출입하는 멤버는 캠프의 다른 주민들에게 노골적으로 따돌림을 당하고 있었다.

나의 연구 보조원인 '벤자민'에게 GAP에 인터뷰를 갔던 일을 얘기하자 그는 혐오감을 감추지 않으며, 진지한 표정으로 내게 충고했다.

"그 녀석들이랑은 절대로 어울리지 않는 편이 좋을 거야. 내전 중에 아무렇지도 않게 사람을 죽인 녀석들이야. 난폭하고, 무슨 짓을 할지 모른다고. 그 녀석들은 옛날부터 캠프에서 골칫덩어리로 유명하다니까."

외부로부터의 탄압이 강할수록 내부의 결속력이 단단해지는 것은 어딜 가도 마찬가지다.

GAP에 있는 사람들은 외부에 대해 강한 적대감을 보이는 반면에, 멤버끼리는 상부상조의 정신으로 가득했다. 테리는 이렇게 말했다.

"다른 주민들이 우리를 싫어한다는 사실은 당연히 알고 있어. 내전 중에는 끔찍한 짓만 했으니까. 하지만 우리라고 좋아서 전투에 참가한 게 아니야. 하지 않으면 내 자신은 물론 가족까지 죽임을 당했을 거야. 우리도 말하자면 전쟁의 희생자라고. GAP에서는 따돌림당한 사람들끼리 서로 도와야 해. 우린 하나의 큰 가족 같은 거니까."

확실히 GAP에서는 멤버 한 명이 먹을 것이나 마실 것을 조달해 오면 다른 사람들과 나누는 것이 당연시되었다. 마리화나나 술은 그때그때 돈이 있는 사람이 사들어서 같은 사리에 있는 멤버들과 돌려 가며 나누는 일이 기본이다. 잔돈을 빌리고 빌려주는 장면도 빈번하게 목격했다.

GAP은 외부에서는 무법 지대로 불리고 있었지만, 이곳에 모인 병사 출신자들에게는 소중한 안전지대였다. 조국을 떠나야만 했던 사람들이 어깨를 나란히 하고 살아가는 난민 캠프라는 공간에서 또 다시 배척된 사람들끼리 생존하기 위해 스스로 만들어 낸 '안식처' 아닐까 생각했다.

공짜는 없다

"캠프에서 공짜는 하나도 없어!"

이는 내가 조사 기간 중에 난민들로부터 셀 수 없이 많이 들은 말이다.

'난민 캠프에서는 국제 원조를 통해 모든 의식주를 무료로 제공해 준다'고 생각하는 사람도 많을 것이다.

이런 인식은 흔히 말하는 'Emergency(긴급 구호)' 단계의 경우에는 대략 맞을 것이다. 인간의 생사가 걸린 '긴급 구호' 기간에는 '사람이 죽는 일이 없도록' 식료품, 식수, 의료, 약품 등이 '인도적 지원'으로 무상 제공된다.

그러나 난민들에게 이 '긴급 구호'가 제공되는 기간은 길어 봐야 1~2년 정도다. 장기화된 난민 캠프에는 국제 원조 공여자인 선진국의 관심이 줄어들고, 그와 함께 지원의 질과 양이 대폭 경감되는 경향이 있다.

부두부람 캠프도 예외는 아니었다.

1990년대 후반부터 이미 UNHCR의 지원은 축소되는 방향으로 선회하기 시작했다. 그리고 2003년에 라이베리아 내전의 정전협정이 체결되고, 2005년에 내전 이후 처음으로 대통령 선거가 평화적으로 실시되면서, 공여국의 관심은 난민 지원에서 내전으로 폐허가 된 라이베리아의 재건으로 옮겨 갔다.

연간 예산의 대부분을 선진국의 자금 협력에 의존하는 UNHCR은, 결과적으로 라이베리아 난민을 위한 예산을 대폭 삭감할 수밖에 없었다.

부두부람 캠프를 위한 예산이 축소되면서 UNHCR은 캠프의 수도와 공중화장실 등의 서비스를 모두 유료화했다.

정확히 말하자면 UNHCR은 이러한 기본 서비스에 대한 재정 지원은 제공했지만, 그것만으로는 2만 명이 넘는 캠프 주민들 모두의 필요를 충족하는 게 불가능했다. 서비스를 유지하기 위해서는 난민 스스로 요금을 징수할 수밖에 없었던 것이다.

덧붙이자면 내가 캠프에서 머물던 때 공중화장실의 1회 이용료와 물 한 동이의 가격은 각각 5페세와(약 40원, 100페세와=1세디)였다.

캠프에는 UNHCR이 설립한 초등학교와 중학교가 있었는데,

학비는 6학년 아이의 연 수업료가 45세디(약 36,000원), 중학교 3학년은 203세디(약 162,400원)로, 현지 물가 수준을 고려한다면 상당히 비싼 금액이었다.

당시에는 HIV 감염자, 신체장애자, 60세 이상의 고령자 등 UNHCR로부터 'Vulnerable Individuals(취약한 사람들)'로 인정된 일부 난민만이 특례적으로 캠프 내의 모든 서비스료를 면제받았다.

"요금 징수 제도로 바꾸면서 난민에게 경제적 자립정신이 생겨나기 시작했어요. 원조에 의지하지 않고 자립하겠다는 큰 인센티

UNHCR이 캠프에 설치한 수도 시설

브가 되었죠."

UNHCR 스태프 인터뷰에서 어떤 가나 출신 베테랑 여자 스태프는 자랑스러운 듯 이렇게 얘기했지만, 이 기본 서비스의 요금제에 대한 난민들의 평판은 최악이었다.

나는 조사 기간 중에 셀 수 없을 만큼 많은 난민들로부터 "가나 이외의 나라에 있는 난민 캠프에서도 이렇게 요금제로 운영되냐?"라는 질문을 받았다.

나는 이 책을 집필하던 2017년까지 아프리카 대륙에서 12곳의 난민 캠프를 방문한 경험이 있는데, 난민에게 수도나 화장실 사용료를 징수하는 사례는 이 부두부람 캠프 외에 본 적이 없다.

기본 서비스를 요금제로 제공하는 시스템은, 빈곤층 난민에게는 엄청난 부담이 된다. 캠프에도 빈부 차가 있다. 현금 수입이 얼마 되지 않는 가족은 아이들을 학교에 보내지도 못하고, 물은 빗물을 모아 사용하며, 대소변은 야외에서 적당히 해결하는 등 불편하고 원시적인 생활을 강요받게 되는 것이다.

* * *

국제 원조가 감소하는 속에, 난민들은 UNHCR 등의 지원에 의지하지 않고 경제적으로 자립하여 살아갈 것을 요구받는다. 하지만 이들의 경제 활동은 온갖 제약으로 가로막혀 있기도 하다.

난민이 캠프 밖에서 고용되는 경우, 가나 중앙 정부가 발행하는 노동 허가증을 의무적으로 취득해야 한다. 하지만 이 노동 허가증은 취득까지 8~10개월이 소요된다. 고용주 측에서 당연히 이를 기다려 줄 리가 없기 때문에 사실상 난민은 정규 노동 시장에 발을 들이지 못한다.

또한 가나 정부는 난민이 라이베리아에서 취득한 자격이나 증서를 인정하지 않는다. 그래서 난민이 의사나 간호사, 교사 등의 자격을 갖고 있다고 하더라도, 가나에서 이런 직종에 종사하기 위해서는 새로이 가나에서 직업 훈련을 받고 국가시험에 합격해야 한다. 이미 자국에서 거쳐 온 기나 긴 과정을 다시 처음부터 시작해야 하는 것이다. 시간과 비용 측면에서 생각해도 난민에게 현실적인 선택이라고 볼 수 없다.

'비공식적 경제 활동' 또한 '눈에 보이지 않는 장벽'이 가로막고 있었다. 아프리카에는 이 '비공식적인 시장'이 발달해서, 나라 경제의 큰 부분을 차지하고 있다. 부두부람 캠프 주변에도 가나 사람들이 만든 노천 시장이 몇 곳 있는데, 옷이나 신발, 야채, 고기, 생선 등의 식료품이나 전기 제품 등을 파는 행상들로 북적댄다.

하지만, 이런 노천 시장에서 장사를 할 수 있는 것도 기본적으로 가나 사람에게만 허락된다. 난민은 사실상 물건을 사러 오는 사람에 한해 시장 출입이 허락된다. 가나 사람들의 입장에서 보면 같은 시장에서 경쟁자가 적을수록 좋은 것이다.

시장 관리인에게 돈을 쥐어 주면 난민도 시장에서 가게 자리를 얻을 수 있지만, 가나 사람들이 난민들이 파는 물건을 구입하진 않는다.

일반적인 가나 사람들은 라이베리아 난민이 UNHCR과 같은 국제기구로부터 특별 지원을 받고 있으며, 자신들보다 부유하다고 생각하고 있다. 그렇기 때문에 라이베리아 난민이 가나인 상인과 같은 물건을 같은 가격에 판다고 하더라도, 가나 사람들은 라이베리아 난민의 물건을 잘 사지 않는다. 이런 점 때문에 많은 난민들이 불만을 갖고 있었다. "현지 주민은 우리 지갑 속에만 관심이 있어."라며 불평도 하곤 했다.

정식 노동 시장에서 배제되고, 비정규 시장에서도 장사가 제한되는 난민들은, 필연적으로 캠프 안에 갇혀 다른 난민들이나 주변에 사는 극히 일부의 현지 주민들만을 상대로 간신히 비즈니스를 하며 지낼 수밖에 없다. 그 외엔 달리 방도가 없었다.

'정령이 깃든 땅'

이 부두부람 캠프가 위치한 고모아 지역은, 오랜 세월 동안 가나 국내에서 가장 가난한 지역 중 한 곳으로 여겨져 왔다. 1990년 캠프가 설치되기 전부터 이 지역에서 살아온 한 가나인 어르신은 이렇게 말했다.

"이곳은 오랜 세월 가나 정부에게 버림받은 곳이었어. 캠프가 생기기 전에는 정말 아무것도 없었거든. 캠프가 생기면서 난민들이 잔뜩 들어오는 바람에 꽤나 번화해졌지."

원래 이 고모아 지역에는 눈에 띄는 산업도 없었고, 현지 주민 대부분은 일용품 소매업 등에 종사하며 근근이 생계를 이어 가고 있었다. 이 지역은 가나 공용어인 영어의 사용률도 매우 낮아서 내가 현지 가나인들을 인터뷰할 때는 이곳 현지어인 츄이어의 통역을 통해야 하는 일이 대부분이었다.

부두부람 캠프는 벽이나 울타리로 막혀 있지 않아 캠프와 주변 지역과의 경계가 애매하다. 때문에 캠프 주변에 사는 가나 사람과 난민 사이에는 일상적으로 교류가 있다.

예를 들어 앞서 말한 것처럼 캠프에는 80곳에 가까운 교회가 있는데, 그중 몇 곳은 가나 사람과 라이베리아 난민이 모두 다니고 있어서, 이들은 매주 예배 시간이면 서로 만나게 되었다. 젊은 세대 중에는 가나 사람과 난민이 연애하거나 결혼하는 일도 드물지 않았다.

부두부람에서 장기간 생활하고 있는 난민들에 의하면, 캠프가 설립된 당시에는 가나 사람과 캠프 주민과의 관계가 상당히 우호적이었다고 한다.

가나인 지역 주민들은 라이베리아에서 맨몸으로 가나까지 피난

온 서아프리카 이웃을 '어려울 땐 피차일반'이라며 따뜻하게 맞아 주었다. 서로 말은 거의 통하지 않았지만, 가나 사람이 "먹을 것을 나눠 주었어.", "그릇을 빌려 줬어.", "담요를 받았어." 등 도움을 받았다는 난민도 상당히 많았다.

또한, 난민을 받아들이면서 '아무것도 없는 텅 빈 땅'에 국제 원조의 파급 효과로 급격한 발전도 기대할 수 있었다.

부두부람 캠프가 설치되기 이전에는 전무했던 학교나 수도가 설치되고, 지역 주민에게도 개방되었다. 또한 캠프가 설립된 후에는 땅값이 급상승하여 혜택을 입은 토지주도 셀 수 없이 많았다.

즉, 캠프가 설립될 당시에는 난민과 현지 주민 모두에게 이익이 되는 형식으로 진행되었다. 말하자면 서로가 서로를 필요로 한 것이었다.

그러나 난민들의 체류가 장기화되고 UNHCR로부터 지원이 감소하면서 현지 주민들이 보여 준 관대함도 점차 사라져 갔다. 결국 라이베리아 난민과 캠프 주변에 사는 마을 사람들과의 관계는 점점 식어 갔다. 2000년대 중반부터는 이들 사이에 폭력적 충돌이 일어나는 일도 서서히 늘어났다.

내가 자원봉사로 캠프에서 일했던 2006년에는, 밤에 난민이 사는 집의 창문을 깨고 침입하거나 끝에 날카로운 칼을 붙여 창처럼 만든 무기로 자고 있는 난민을 마구 찌르는 무서운 사건이 연이어 발생하기도 했다. 캠프의 난민들은 공포에 떨어야 했다. 가나 사람들이 저지른 '묻지마 범죄'라고 나중에 밝혀졌다. 정확한 범죄 동기는 알지 못하지만, 그 배경에 난민에 대한 반감이 있었음은 틀림없다.

난민들은 가나인 캠프 매니저에게 경찰의 철저한 조사와 캠프의 경비 강화를 요청하고 호소했지만, 당시 캠프 매니저는 구두 약속만 할 뿐 이 문제를 사실상 방치했다.

난민들은 스스로 자경단을 결성해 야간 순찰을 시작했고, 2주 후 결국 범인을 현행범으로 체포해 캠프 매니저에게 인도했다. 하지만 범인인 가나 청년은 캠프 입구에 있는 파출소의 유치장에서 이틀간 구류되었다 풀려났을 뿐이었다. 누구도 그에게 죄를 묻지 않았다. 이 사실을 들은 난민들이 격분했고, 일부는 폭도가 되어 캠프 매니저의 사무소에 들이닥쳤다. 그러나 그 난민들은 근처 경찰서에서 달려온 가나 경찰대에게 진압되었다.

내가 캠프에서 지내던 당시 현지 주민과 난민 사이에 종종 갈등의 불씨가 된 것이 바로 토지의 사용 방법을 둘러싼 문제였다.

부두부람 캠프의 부지는, 고모아 지역을 다스리는 지역 수장(가나는 지금도 전통적인 수장의 존재가 유지되고 있는데, 이들이 토지의 소유권을 갖고 있다)으로부터 가나 정부가 임차하는 형식으로 캠프가 들어서 있었다.

수장은 난민들이 흙을 퍼 올려 벽돌 재료로 사용할 점토를 만드는 것을 보고 '땅을 해친다'는 이유로 금지했지만, 집을 짓기 위해서 벽돌이 꼭 필요한 난민들은 현지 사람의 눈을 피해 흙을 퍼 올렸다. 그러다 가나 사람에게 발각되어 다툼으로 발전하기도 했다.

또한 난민들이 '가루프'라고 부르는 땅도 문제가 되었다. 캠프 주변의 사람 키만큼 큰 풀로 뒤덮인 곳이었는데, 가나 사람들이 '토착 정령이 깃든 성스러운 땅'이라며 받드는 초원 가운데 있는 울창한 풀숲이었다. 그런데 공중화장실 사용료가 아까운 많은 난민들이 이곳에서 볼일을 보는 일이 끊이질 않아 항상 문제가 되었다. 결국 가나인 수장이 현지 주민들을 조직하여 순찰을 돌게 했는데, 운 나쁘게도 볼일을 보는 도중에 적발되는 난민은 남녀를 가리지 않고 큰 봉변을 당하게 되어 양쪽의 긴장을 고조시키는 요소가 되었다.

3

난민 캠프에도 돈은 돈다

변화가 '18(에이틴)'

캠프에서 생활하는 난민이 극히 제약된 환경 속에서 경제생활을 영위하고 있다는 점은 어느 정도 이해되었을 것이다.

그렇다면, 이런 환경 속에서 난민들은 어떻게 생계를 유지하는 걸까?

이 질문은 바로 내 연구의 주제이기도 한데, 사실 난민 캠프 내에는 이들이 스스로 차린 다양한 형태의 비즈니스가 존재한다.

부두부람 캠프는 다른 수많은 난민 캠프 중에서도 비즈니스 활동이 활발한 곳으로 잘 알려져 있는데, UNHCR에서도 이곳 난민들의 사업가 정신을 높이 평가하는 의견을 발표했을 정도다. 나 또한 2005년에 처음으로 이 캠프를 방문했을 당시 난민들의 활기 넘치는 경제 활동 모습에 눈길이 사로잡히기도 했다.

캠프 안에는 몇 군데의 번화가가 있다. 번화가에는 화려한 색의 점포들이 줄지어 들어서 있고, 수많은 노점상 또한 각각 테이블과 카펫 위에 상품들을 가득 늘어놓고 있다.

비즈니스의 종류는 매우 다양하다. 캠프의 최대 번화가인 '에이틴(18)' 거리에는 비누, 양초, 휴지와 같은 일용품은 물론 식용유, 캔과 같은 식료품 등을 취급하는 삽화점, 중고 의류점, 신발 수리점, 이발소, 네일 숍, 레스토랑, 핸드폰용 선불 카드 가게, DVD 대여

캠프의 번화가인 '18(에이틴)'

점, 술집, 옷 수선점 등이 들어서 있고 온갖 물건이 판매되고 있다.

그 밖에도 이곳 번화가에서는 캠프에서 사망한 사람의 마지막을 인도하는 장의사 '로버트', 말라리아 약을 구할 수 없는 난민을 위해 자신만의 비법으로 만든 말라리아 약을 판매하는 '패트릭', 라이베리아 대학 신학과 출신이라며 기독교의 교리를 강의하고 수업료를 받는 통칭 '모리스 교수님' 등 밖에서는 찾아보기 힘든 사업을 운영하는 난민과 만나기도 한다.

앞서 소개한 내 연구 보조원인 페니는 치과를 운영하고 있었다. UNHCR이 설립한 진료소에는 치과가 개설되어 있지 않은 탓에 페니의 치과는 캠프에서 치과 진료를 받을 수 있는 유일한 곳이기도 했다. 그녀는 본래 치과 의사는 아니지만, 라이베리아에서 간호 학교를 졸업하고 간호사로 근무한 경력이 있었다.

페니는 몇 년 전 자원봉사로 캠프를 방문한 캐나다인 치과 의사로부터 치과 진료 기술을 즉석에서 배우고, 그가 남겨 두고 간 치과 기구를 사용하여 캠프의 난민들을 위한 치과 진료를 보고 있다.

이곳의 치료 방법은 상당히 과격하다. 발치를 위해 치아에 실을 감고 실의 다른 한쪽은 병원의 문고리에 걸어 이를 뽑는, 정말 만화에서나 볼 법한 광경이 벌어지기도 한다. 그럼에도 캠프에서 치과 진료를 받을 수 있는 곳은 이곳뿐이어서 이런 상황에서도 환자들은 끊이지 않고 찾아온다.

캠프에서 상당히 잘나가는 가게 중 대표적인 곳이 '존'이라는 이름의 라이베리아 난민이 경영하는 24시간 인터넷 카페다. 갈 때마다 젊은 난민들로 가득한 이곳에선 사람들이 가게 밖까지 길게 줄 서 기다리는 모습도 종종 볼 수 있다.

부두부람 캠프에는 존의 가게 외에도 인터넷 카페가 두세 곳 더 있었지만, 존의 가게가 설비나 규모, 서비스 등 모든 면에서 다른 가게를 압도하고 있었다. 데스크톱 열세 대를 비롯하여, 프린디, 스캐니를 구비힘은 물론, 인터넷 속도 또한 가장 빨났다. 노한 수시로 발생하는 정전에 대비하여 소형 발전기를 갖추고 있어 다

캠프에 있는 '로라'의 잡화점

른 가게가 정전으로 문을 닫을 때에도 존의 가게는 굳건히 영업을 계속할 수 있었다.

나도 이메일을 확인하기 위해 일주일에 두세 번 정도 존이 운영하는 인터넷 카페를 찾아가곤 했는데, 점차 얼굴을 익히고 친숙해지면서 존과 대화를 나누는 사이가 되었다.

존은 라이베리아 내전이 발생했던 당시 수도인 몬로비아에 위치한 라이베리아 대학에 다니고 있었지만, 점차 격화하는 내전으로 인해 학업을 포기하고 라이베리아를 탈출하여 비교적 정세가 안정된 가나의 부두부람 캠프로 오게 되었다. 나와 대화를 나눌 당시 존은 캠프에서 알게 된 라이베리아 난민 여성과 결혼하여 막 첫 아이를 두었을 때였다.

존의 이야기에 따르면 원래 그는 라이베리아의 유복한 상인 집안 출신으로, 형제와 친지 중 여럿이 미국에 살고 있다고 했다. 라이베리아 내전이 발발하기 전에는 존 또한 대학을 마치고 미국으로 유학 갈 생각이었다.

그는 미국에 살고 있는 누나 두 명이 송금해 준 미화 2,000달러를 자본금으로 2007년 인터넷 카페를 창업했다. 아마도 이 정도 규모의 사업을 차리려면 그만큼의 자금이 필요했을 것이다.

존의 사업 스타일은 매우 꼼꼼했는데, 매일 거르지 않고 장부를 기입하고 있었다. 그의 말에 따르면 인터넷 카페 이용자는 하루 평균 100명, 매달 매상이 140~150만 원, 전기세와 종업원 두 명의 월급, 그 외 운영 비용을 제하면 존의 손에 남는 순수익은 매월 약 60만 원이라고 했다.

캠프의 물가 수준을 고려한다면 이는 상당히 큰 액수다. 언젠가 존이 점심 식사에 초대하여 그의 집을 방문한 일이 있는데, 다른 대부분의 난민들의 집에서는 볼 수 없는 최신형 삼성 텔레비전, DVD, 노트북, 냉장고 등을 갖추고 있었다. 그는 그때 자신의 상대적 부유함에 대해 이야기했다.

캠프에는 그 밖에도 몇몇 인기 업종이 있었다. 예를 들자면, 신품과 중고 핸드폰 가게, 레스토랑, 식수를 제공하는 저수조(라고는 하지만 정화 시설이 갖춰진 것이 아니라, 우물 같은 곳에 소독약을 투입하는 식이었다) 운영 등이었다.

어딜 봐도 개업을 위해서는 상당한 자본금이 필요한 곳뿐이었다. 난민 기업가의 대부분은 앞서 만난 인터넷 카페를 운영하는 존처럼 선진국에 가족이 있는 등 해외에서 자금 지원을 받을 수 있는 '특권층'에 속했다.

닭 쫓던 개 지붕만 쳐다보네

부두부람 캠프에서 생활하는 난민의 대다수는 이처럼 수익성이 높은 사업과는 인연이 없는 듯했다. 난민들이 가장 많이 종사하는 업종은 '음료수와 과일(오렌지, 파인애플 등을 잘라서 파는)' 노점이었다.

가나에서는 음료수 팩(소독한 물을 작은 비닐봉지에 담은 것)을 가득 담은 바구니를 머리 위에 이고 길거리를 걸어 다니며 판매하는 행상이나, 길가에 노점상을 차려 놓고 자른 과일들을 판매하는 모습을 쉽게 볼 수 있다.

이런 장사는 난민 캠프에서도 큰 인기였다. 서아프리카의 타는 듯한 태양 아래에서는 누구라도 물을 찾을 수밖에 없는데, 특히 햇볕이 작열하는 건기에는 차가운 물과 상큼한 파인애플 한쪽으로 목을 적시는 것이야말로 더할 나위 없는 사치와 행복이었다.

많은 난민이 음료수와 과일 장사를 하는 또 다른 이유는 손쉽게 시작할 수 있기 때문이었다. 적어도 수백에서 천 달러 정도는 수중에 있어야 생각해 볼 수 있는 인터넷 카페나 레스토랑과 같은 자본 집중형 사업과 달리 물이나 과일 행상은 수십 달러만 있으면 누구나 쉽게 뛰어들 수 있었다.

하지만 누구나 쉽게 시작할 수 있다는 것은 그만큼 동종업자들도 많다는 것을 의미한다. 약 200미터 정도 이어진 번화가 18(에이틴)에서 몇 명이나 물과 과일 행상을 하고 있는지 세어 본 적이 있는데, 얼마 되지 않아 20명을 넘어섰다. 그날은 마침 건기가 한창으로 상당히 더웠던 날이기도 했지만, 10미터마다 물과 과일을 파는 행상이 있는 것은 아무래도 공급 과잉이었다. 더욱이 판매하는 물건은 다들 똑같은 음료수 팩 일색이었다.

경제학 법칙에서는 공급이 수요를 초과할 때 가격이 하락한다고 본다. 판매하는 상품에서 차별화를 꾀할 수 없는 난민 캠프의 음료수 행상 사이에서는 이미 가격 할인 경쟁이 벌어지고 있었다. 그러나 애초에 몇 푼 남지도 않는 음료수 장사에서 가격 할인은 자살 행위와도 같은 것이다.

가격 덤핑으로 음료수 팩의 판매 가격은 한 팩당 120원 남짓이었는데, 구입 비용을 제한 이익은 고작 36원 정도였다.

음료수 행상들은 아침부터 저녁까지 타들어 가는 듯한 서아프리카의 강렬한 뙤약볕 아래를 헤매며 하루에 100팩 정도를 팔게 되는데, 이렇게 해서 이들이 손에 쥐는 수익은 3,600원 정도에 지나지 않았다.

물론 이들 또한 가격 덤핑 경쟁이 결국 서로의 목을 조르는 일이라는 것을 잘 알고 있다. 하지만 이들에게는 다른 곳에서 사 온 음료수 팩을 어떻게 해서라도 현금으로 바꿔 그날그날의 생활비를 충당해야만 하는 사정이 있다.

"어째서 은행에서 돈을 빌려 좀 더 수익이 나는 장사를 하지 않는 거지?" 하고 생각하는 사람도 있을 것이다. 그게 가능하다면 애초에 이런 고생은 하지도 않았을 것이다.

난민 신분으로는 가나에서 은행 계좌를 개설할 수 없고, 따라서 당연히 대출도 불가능하다. 수용국의 금융 기관을 이용할 수 없다는 것은 난민에게 있어 큰 핸디캡이지만 이러한 실상은 비단 가나뿐만이 아니라 아프리카의 다른 난민 수용국에서도 마찬가지다.

부두부람 캠프에서 수년간 살아온 난민의 말에 의하면 예전에는 UNHCR이 난민을 위한 마이크로 파이낸스 프로그램(Micro Finance Programme for Refugees)을 실시한 일이 있지만 정전 협정이 체결된 2003년 이후 UNHCR의 가장 중요한 목표가 라이베리아 난민의 출신국 귀환을 추진하는 방향으로 바뀌면서(제8장

참조), 라이베리아 난민이 수용국인 가나에 정착하기 위한 사업 자금 대출 프로그램이 모두 종료되었다.

해외로부터 받는 송금 – 캠프의 생명줄

지금까지 소개한 그 어떤 장사보다도 부두부람 캠프의 경제를 이야기하는 데 있어 중요한 것이 있다. 바로 '해외 송금'이다.

조사 기간 중, 나는 300명이 넘는 라이베리아 난민들과 인터뷰를 했는데, 이들이 입을 모아 역설하는 것이 바로 이 '해외 송금'이었다.

"장사해서 버는 돈 따위 무슨 소용이야, 송금 받아서 사는 녀석들이 이 캠프에서는 가장 부자라고."

내 연구 보조원인 '시터'가 다니는 교회를 방문했을 때의 일이다. 그녀가 다니는 곳은 캠프 안에서도 큰 교회로, 내가 방문했던 일요일 아침 예배에만 어림잡아도 100명이 넘는 신자들이 모여 있었다. 이 교회에서는 예배 시작 전에 신자 중 새로 태어난 아기의 소식과 세상을 떠난 친족의 소식 등을 알리고 모두 함께 축하하거나 슬픔을 나누는 것이 관례처럼 되어 있었다.

내가 방문한 날도 마찬가지였다. 슬픈 소식이 두 건 전해졌고 함께 슬픔을 나누었다. 그런데 그다음 이어진 소식에 모인 사람 모두가 크게 술렁이기 시작했다. 몇 년 전 부두부람 캠프에서 미국 조지아 주 애틀란타로 이주한 라이베리아 난민 남성이 애틀란타에서 교통사고로 세상을 떠났다는 비보였다.

앞서 전해진 두 건의 사망 소식과는 확연하게 다른 차원의 반응이 궁금해 예배가 끝난 후 시터에게 그 이유를 물어보았다.

"아, 그거? 그 남자가 미국까지 가서 죽었기 때문이지. 다른 죽은 사람들은 다들 캠프에서 살던 사람들이잖아? 물론 사람 목숨 누가 더 소중하고 그런 건 아니지만, 기껏 미국까지 갔는데 죽었다고 안타까워하는 거지, 모두들."

잘 이해하지 못하는 날 위해 그녀는 자세히 설명을 이어 갔다.

"이 캠프 주민들은 직접적, 간접적으로 해외에서 송금을 받거나 혜택을 받고 있어. 미국 같은 선진국에 이주한 사람은 소중한 '송금책'이야. 쉽게 말하자면 우리가 생계를 유지하게 해 주는 '생명줄'과 같아. 그러다 보니 선진국에 이주한 사람의 사망 소식으로 캠프에 남겨진 유족들이 받는 충격은 상상하기 힘들지. 캠프에서는 이 '생명줄'이 있고 없고에 따라 사활이 갈리는 정도니까."

여전히 머릿속에 물음표가 사라지지 않은 난 시터에게 다시 물어보았다.

"그런데 캠프에서는 여러 가지 장사가 활발하지 않아? 송금이 없더라도 충분히 생계를 유지할 수 있을 것 같은데?"

"무슨 장사를 해도 크게 남는 건 없어. 나도 전에 캠프에서 중고 옷을 팔았는데, 이것저것 경비를 제하면 손에 쥐는 건 푼돈 정도야. 다른 장사를 해도 사정은 마찬가지고."

시터의 말은 정확했다. 그 후 난민이 운영하는 다양한 사업들의 이익 구조를 조사해 보았는데 인터넷 카페와 같은 극히 일부 예외 사례를 제외한 대부분의 사업들은 매매 차익이 적고 수익률 또한 제한적이라는 것을 알 수 있었다. 당연히 이런 '제로섬(zero-sum)' 사업으로는 저축도 여의치 않을 것이다.

얼마 지나지 않아 캠프에서 해외 송금의 중요성을 다시 한번 확인하게 되었다.

어느 월요일 아침 8시경, 캠프 주변을 걸어가고 있을 때였다. 어떤 가게 앞에 20~30명의 사람들이 줄 서 있는 모습이 눈에 들어왔다. 웨스턴유니언(Western Union)의 지점이었다.

웨스턴유니언은 미국 회사로 은행 계좌가 없더라도 신분증과 송금자가 보내 준 송금 번호만 있으면 지점에서 해외 송금을 찾을 수 있는 획기적인 서비스를 제공하는데, 개발도상국에서는 상당한 존재감을 갖는 금융업체다.

송금된 돈을 찾을 때 제시해야 하는 신분증 중 UNHCR이 발행하는 난민등록가드도 인정해 주는데, 가나에서 은행 계좌를 개설할 수 없는 난민에게 그야말로 맞춤 서비스다.

캠프 바로 앞 거리에는 웨스턴유니언 지점 두 곳이 영업 중이었는데, 라이베리아 난민 중에 해외 송금을 받는 사람 대부분이 이들 지점에서 돈을 찾는다. 그날 아침 내가 본 길게 늘어선 사람들은 송금된 돈을 한시라도 빨리 찾기 위해 영업이 시작하는 9시가 되기도 전부터 기다리고 있었다.

부유한 난민 – 심심풀이로 일하기

부두부람 캠프에서 가장 유복한 생활을 하는 난민들은 거의 예외 없이 해외에서 정기적으로 송금을 받고 있었다. 이들 대다수는 이러한 '송금'에 완전히 의존하여 전혀 일을 하지 않지만, 개중에는 일을 하는 사람도 있었다. 하지만 이들이 일을 하더라도 대부분은 '따분함을 피하기' 위해서였다.

'존스' 가족은 이러한 부유층의 대표적인 사례였다.

올해 36세의 가장인 존스와 그의 부인, 그리고 네 명의 자녀로 이루어진 이 가족의 주요 수입원은 매월 25일에 받는 300달러의 송금이었다.

나는 그런 존스를 인터뷰했다.

"생활비는 어떻게 마련하고 있어?"

"부모님과 형이 송금해 주는 돈이 대부분이지. 부두부람 커뮤니티 스쿨(캠프 내에서 가장 큰 초·중학교)에서 역사를 가르치긴 하는데 거기에서 받는 돈은 내 용돈 정도야."

"지금까지 캠프에서 생활하면서 어려운 점이 있었어?"

"적어도 물질적으로 부족하진 않아. 필요한 건 여기에도 충분하니까."

존스의 체중은 100킬로그램이 넘었고, 그의 아이들도 체격이 매우 컸다. 그런 큰 체격은 우수한 영양 상태를 나타내는 것처럼 보이기도 했다.

존스가 자신의 집으로 초대해 주어 몇 차례 그의 집에서 점심 식사를 했는데, 어느 날은 존스의 부인이 수제 토마토소스 파스타와 프라이드치킨, 다진 양파와 토마토에 비니거를 곁들인 샐러드를 내오기도 했고, 또 어느 날은 흰 쌀밥에 염소 고기 완자가 여러 개 들어간 소스를 얹은 '라이베리아 카레(내가 마음대로 붙인 이름으로 실제로 카레라고 부르지는 않는다)'를 차려 주기도 했다.

존스의 집에는 캠프와는 어딘가 어울리지 않는 드럼 세트도 있었다. 작년 크리스마스에 부모님이 송금해 준 1,000달러로 구입했다고 한다. 존스는 취미로 악기를 연주하는데 캠프의 교회에서도 시시때때로 그 실력을 발휘하곤 했다.

존스는 이야기를 계속했다.

"다음에 라이베리아에 땅을 살까 해. 그 일로 요즘 형이랑 상의 중이지. 라이베리아의 정세도 꽤 안정된 것 같으니 앞으로 괜찮은 투자가 되지 않을까 싶어서."

미국에서 귀환한 해방 노예를 조상으로 하는 아메리코 라이베리안의 피를 이어받은 명문가 출신이라는 사실에 존스는 큰 자부심을 갖고 있었다. 특히 존스의 친가는 유력한 실업가와 정치가를 배출했고, 미국으로 이주한 친척들도 많다고 했다.

캠프의 술집에서 존스와 술자리를 함께하면서 큰 맥주병 두세 병이 바닥을 보일 때즈음이면 어느새 존스의 독백이 이어진다. "내전 전에는 정말 좋았어. 뭐든지 잘됐다니까."라는 말을 수없이 듣곤 했다.

존스는 나와 함께 있을 땐 '성격 좋은 동네 형'이지만 캠프의 다른 주민들 앞에서는 어딘가 고압적인 모습이었다.

부하 같은 사람 몇 명이 그를 따라다니는데, 술집이나 식당에 갈 때는 이들도 함께한다. 존스는 이들에게 인심 좋게 맥주나 식사를 사 주는데, 그러면서도 이들에게는 언제나 명령조로 지시를 했다. 그 모습에서 이들과 존스 사이에 명확한 위계를 확인할 수 있었다. 이러한 모습이 존스의 본래 성격인지, 아니면 캠프에서 압도적으로 부유한 그의 위치가 필요 이상으로 그를 거만하게 만드는 건지 마지막까지도 난 알 수 없었다.

존스와는 대조적인 사례가 '그레이스'였다. 그녀의 대범한 성격과 의연한 모습은 주변 사람마저 편안하게 만들었다. 34세인 그녀는 캠프에서 혼자 살고 있었는데, 일정한 직업은 없었지만 미국에 사는 라이베리아인 남편이 매월 500달러씩 꼬박꼬박 송금해 주었다.

그레이스는 유명한 외교관 집안 출신으로, 숙부가 1960년대 초에 라이베리아 정부 장학금으로 미국으로 유학을 갔고, 그 후로도 수많은 친척들이 학업이나 사업을 위해 미국으로 건너가 대부분이 이미 미국 영주권을 갖고 있었다.

그녀의 남편은 어린 시절 소꿉친구로, 10대 시절에 라이베리아에서 장래를 약속했지만, 내전 중에 각자의 가족을 따라 피난길에 올라 멀리 떨어지게 되었다. 남편은 가족과 함께 옆 나라인 코트디부아르로 피신한 후 친척들이 여러 명 살고 있는 미국 미네소타주 미네아폴리스로 이주하여 로스쿨을 졸업하고 현지에서 변호사로 일하고 있었다. 내가 그레이스를 만난 2009년 당시에는 미국에 정착한 남편이 그레이스를 배우자 자격으로 정식 초청하기 위해 수속을 밟고 있었다.

그레이스는 평일 낮에는 캠프에 있는 여러 직업 훈련 학교에 컴퓨터나 인테리어 디자인 코스를 들으러 다녔는데, 딱히 취업을 하려는 의욕이 있다고 하긴 어려웠다. "뭐라도 하지 않으면 캠프 생활이 너무 지루해."라는 것이 내게 들려준 그 이유였다. 이것저것 배우러 다니느라 바쁜 모습은 문화 센터에 다니는 유한마담의 모습을 떠올리게 했다.

그레이스의 취미는 쇼핑인데, 때때로 수도인 아크라까지 가서 캠프에서는 사기 힘든 컬러풀한 아프리칸 드레스나 액세서리를 잔뜩 사 들고 돌아오곤 했다. 매주 일요일 오전에는 캠프의 미용실에서 머리를 세팅하고 마음에 드는 드레스와 여러 액세서리를 걸치고 교회로 향한다. 그런 그녀의 모습에서 꼬리를 활짝 펼친 화려한 공작과 같은 우아함이 느껴졌다.

가난한 난민 – 배 부를 때까지 물을 마셔요

한편으로 송금해 주는 사람이 없는 가족은 캠프에서 생계유지에 하루하루 고전하는데, 말 그대로 목에 거미줄 칠 정도로 찢어지게 가난한 삶을 이어 가기도 한다. 다섯 명의 아이를 키우는 '어네스티'네 집은 이런 빈곤층의 전형적인 모습이었다.

어네스티는 30대 중반의 싱글 맘이었다. 그녀를 처음 만났을 당시 열여덟 살 큰아이부터 세 살배기 막내까지 다섯 명의 자녀를 그녀 혼자 키우고 있었다. 라이베리아 시골에서 태어난 그녀는 내전이 시작하기 전에 이미 14세의 나이로 결혼했고, 16세에 첫 딸을 낳았다. 내전 중에 남편이 반정부군에 살해당하고, 아이 세 명을 데리고 살던 마을에서 도망쳤다. 그 후 코트디부아르에서 몇 년 머문 후 2003년에 가나의 부두부람 캠프로 오게 되었다.

캠프에 들어온 후에도 각각 아빠가 다른 아이 둘을 낳았지만, 아이 아빠 두 명 모두 어느 날 갑자기 캠프에서 모습을 감췄다. 조사 당시 어네스티와 다섯 명의 아이들은 캠프에 있는 어느 집에서 빌린 3평 남짓한 비좁은 방에서 모두 함께 생활하고 있었다.

그녀는 서른네 살이었지만, 겉모습으로는 훨씬 나이 들어 보였다. 곱슬곱슬한 머리카락 사이사이에 흰머리가 부쩍 눈에 띄었고 항상 지치고 불안한 표정에 눈가에는 나이에 어울리지 않게 자잘한 주름이 잔뜩 있었다. 학교에도 얼마 다니지 못한 탓에 읽기와 쓰기도 잘하지 못했다. 나와 대화를 할 때는 몇 안 되는 영어 단어를 하나씩 겨우 짜내듯이 말을 이어 갔다.

"캠프 생활은 어때?"

"…… Not good."

"어떻게 안 좋아?"

"…… Food."

"먹을 게 없다는 말이야?"

"Yes. …… No food, Because no money."

나는 캠프에서 생활하는 난민들의 생활 수준을 조사하는 일환으로 난민 가족의 협조를 구해 그들의 식량 조달과 수입 및 지출 내역을 장기간에 걸쳐 기록할 수 있었다. 이 조사에는 어네스티 가족을 포함, 스무 가족이 참가해 주었다.

당시 어네스티 가족은 캠프의 빈곤층 사이에서 유행하던 버려진 음료수 봉지를 수거하는 일로 생계를 유지하고 있었다. 다섯 명의 아이들은 모두, 학교에 다니는 대신 엄마인 어네스티와 함께 캠프 안팎을 여기저기 돌아다니며 버려진 음료수 봉지를 모아 왔다. 이것이 이 가족의 반복되는 일과였다.

하지만 집안의 노동력을 총동원해 봐도 한 가족이 재활용품 수거업자에게 받을 수 있는 현금 수입은 많아 봐야 한 달에 30세디

어네스티 가족이 모으는 폐기된 음료수 팩

(약 24,000원)가 될까 말까였다.

한 달에 24,000원 정도로 여섯 명의 가족이 배불리 먹는다는 것은 도저히 불가능한 일이었다.

내 조사에 따르면 어네스티 가족의 식사는 하루 한 끼뿐이었다. 생활비 중 식료품 지출 항목에서 고기나 생선같이 값이 나가는 품목은 찾아볼 수 없었고, 야채마저도 어쩌다가 한번 사 먹는 정도였다.

대신 빈번히 등장하는 품목이 '가리, 설탕, 물'이라는 다소 의아한 조합이었다. 이 조합은 캠프의 빈곤한 가정에서 자주 볼 수 있는 '서바이벌 메뉴'였다.

'가리'란 이 지역에서 부르는 이름인데 카사바(열대 지방에서 재배하는 식용 식물로, 땅속으로 뻗은 뿌리는 타피오카의 원료로 사용된다)를 건조하여 분말로 만든 것을 가리킨다. 비닐봉지에 소분하여 판매하는데 한 봉지에 20페세와(약 160원)에 판매되고 있었다. 이들은 이 '가리'에 물을 많이 타서 양을 늘린 후 설탕을 섞어 마시곤 했다. 나도 몇 번인가 시도해 봤는데, 가루가 씹히는 밍밍한 물을 마신다고밖에 달리 설명할 길이 없는 맛이다. 물론 영양적인 면에서도 매우 부족하다.

하지만 어네스티 가족에겐 이런 서바이벌 푸드를 살 돈조차 없는 날도 많았다. 이 가족이 적어 준 식료품 지출 항목을 살펴보면 한 달에 7~8일 정도는 'Water'만 적혀 있었다.

"일주일에 하루나 이틀 정도는 정말 돈이 한 푼도 없어서 가리도 설탕도 아무것도 살 수 없어. 그럴 땐 대신 물만 사거나, 아니면 근처 이웃집에서 얻어서 마실 수밖에……. 배가 불룩할 때까지 물을 마시면 배고픔이 좀 사라지거든……."

어네스티네 아이들은 다들 쾌활하고 낮을 가리지 않는 성격이었는데, 다들 나이에 비해 체격이 왜소한 모습이 줄곧 신경쓰였다. 한창 성장할 나이에 이런 식생활이 어쩔 수 없다고 생각하니 마음이 무거워졌다.

이처럼 먹거리조차 제대로 살 수 없는 어네스티 가족이 공중화장실 요금을 지불하는 것은 불가능한 일이었다.

하늘에서 물대포가 쏟아지는 듯한 서아프리카 특유의 스콜이 지나간 후 어느 저녁, 어네스티 가족의 집 앞을 지나가던 때였다. 올해 열네 살이 된 장남 마크가 울면서 저 멀리서 걸어오는 모습이 보였다. 옷은 온통 진흙투성이에 여기저기 찢어져 있었다. 자세히 보니 입술도 터져 있고, 눈 밑은 부어올라 시퍼렇게 멍이 들어 있었다. 어디선가 엄청 맞고 온 것이 분명했다.

"마크, 무슨 일이야? 싸웠어?"

"맞았어……."

"누구야? 누구한테 맞은 거야?"

"여기 현지 주민…… 가루프에서 당했어."라고 대답하며 눈물을 훔치던 마크는 어지간히 분했던지 몇 번이고 애꿎은 땅에 발길질을 했다.

앞서 제2장에서 설명했듯이 가루프는 캠프 난민들이 부르는 속칭으로, 화장실 사용료를 절약하기 위해 난민들이 자주 일을 보러가는 풀숲이다. 그런데 이 풀숲을 '신성한 장소'로 여기는 현지 가나 주민들은 '괘씸한' 난민들이 풀숲에서 용변을 보지 않도록 정기적으로 순찰을 돌고 있었다. 이날은 하필이면 운 나쁘게 마크가 '큰일'을 보고 있을 때 순찰대와 맞닥뜨려 된통 혼이 난 모양이었다.

어네스티네 가족이 특히나 힘들어했던 부분은 의료비와 약값을 마련하는 일이었다.

우기에는 말라리아나 장티푸스, 콜레라 같은 병원균이 캠프에 찾아든다.

캠프에는 UNHCR이 설치한 클리닉이 있어 진료비는 무료지만, 약값은 자기 부담이다. 영양 상태가 좋지 않은 어네스티네는 다섯 명의 아이들, 특히 막내딸 엘렌과 두 살 언니인 '마리아'가 자주 말라리아에 걸리곤 했다.

약값을 마련할 수 없는 엄마 어네스티는 캠프 친구에게 배웠다며 캠프 주변의 풀밭에서 채집한 약초를 달인 '엄마표 말라리아 치료약'을 아이들에게 먹였다. 그 상황에선 최선의 치료법이었다. 하지만 이 '엄마표 치료약'은 발한을 촉진하여 열을 내리는 효과

119

가 있는 대신 간과 위를 심하게 손상시킬 수 있는 강한 부작용이 있어, 두 아이들의 어린 나이를 생각하면 작은 몸에 부담이 너무 크진 않을까 걱정되었다.

나는 연구 윤리의 관점에서 조사 기간 중에는 인터뷰 대상에게 절대로 금전적 대가를 지불하지 않는 원칙을 고수했다. 인터뷰 대상에게 금전적 대가를 지불하는 것으로 인해 조사 결과가 왜곡될 수 있기 때문이다.

하지만 조사 중에 몇 번인가 이 원칙을 지키지 못한 일이 있었다.

어네스티네 아이들이 심한 말라리아에 걸려 생명이 위험하다고 들었을 때, 두 차례 어네스티에게 약값을 건넸다. 그 정도로 그녀의 가정은 절박한 상황이었고, 하루하루를 겨우 목구멍에 풀칠하는 정도라고밖에 말할 수 없는 모습이었다.

2009년 9월에 아프리카 현지 조사를 마치고 런던으로 돌아간 후 어느 날, 연구 보조원이었던 '케빈'으로부터 한 통의 메일이 도착했다.

이메일의 제목은 '엘렌'.

어네스티네 집 막내 엘렌이 말라리아로 숨을 거뒀다는 소식이었다.

눈매가 엄마를 꼭 닮은, 핑크색 츄리닝을 가장 좋아했던 엘렌은 다섯 번째 생일을 2주 앞두고 있었다.

들쑥날쑥한 원조

이처럼 장기화된 난민 캠프에서 난민이 경제적으로 자립하여 생활을 꾸려 나간다는 것은 결코 쉬운 일이 아니다.

난민 수용국의 정부로부터 협력을 얻지 못하는 경우는 더욱 큰 문제다.

가나 정부는 라이베리아 난민이 자국민의 일자리를 빼앗아 간다며 강한 경계심을 나타냈는데, 특히 앞서 설명한 것처럼 노동 허가증 발급을 지체하거나 은행 대출에 대한 접근을 제한하는 등 제도적 장벽을 통해 난민이 노동 시장에 유입되는 것을 막고 있었다.

난민을 받아들인 고모아 지구의 경우, 지역 주민들도 빈곤에 시달리고 있는데 왜 자국민도 아닌 난민을 지원해야 하느냐는 것이 가나 정부의 입장이었다.

또한, '인도적 지원'과 '개발 원조'를 둘러싼 국제기구의 복잡한 줄다리기 문제가 난민들의 경제생활을 한층 힘들게 하고 있었다.

난민 지원은 본래 인도적 지원의 대상이라고 여겨지고 있다.

인도적 지원의 가장 큰 역할은, 분쟁과 재해 등으로 어려움에 처한 사람들의 '생존'을 돕는 것이다. 따라서 여기에 제공되는 것은 주로 물이나 식료품, 텐트, 약, 담요 등이다.

하지만 장기화된 난민 캠프에서는 이러한 인도적 지원의 역할이 극히 제한적이라고 할 수 있다.

국제 원조가 줄어드는 상황에서 이들에게 필요한 것은 난민들이 스스로 생계를 꾸려 갈 수 있도록 돕는 개발 원조지만, 이는 인도적 지원에 중점을 두는 UNHCR의 영역에서 벗어나 UNDP의 영역에 속하게 된다.

그러나 UNDP는 난민 원조의 전반은 어디까지나 UNHCR의 영역이라고 보기 때문에 UNDP가 난민의 경제 활동에 대한 지원 프로그램을 운영하는 일은 없다.

부두부람 캠프에서도 UNHCR이 지금까지 몇 차례 난민의 경제 자립을 지원하는 프로그램을 조직했지만 들쑥날쑥한 부분이 많아 실효성은 미미했다.

예를 들어, 2009년에는 난민 중 희망자에게 6개월간 전기 공사, 석공, 미장이, 재봉, 컴퓨터, 미용 등의 분야에서 직업 훈련을 제공했는데, 그러면서도 다른 한편으로 UNHCR은 2003년 이후 마이크로 파이낸스 등 대출 프로그램의 운영을 중지했다(106쪽 참조).

가나 금융 기관으로부터 사실상 문전박대를 당하는 난민들은 새로운 직업 기술을 익히더라도 이를 실제로 비즈니스로 실현하기 위한 창업 자금을 조달할 방법이 없다. 난민을 위한 직업 훈련 프로그램 수강자 사이에선 이러한 현실을 자조하는 말이 있다.

"We were trained but not economically empowered.(기술만 배웠을 뿐 경제적인 힘을 얻은 건 아니다.)"

난민의 생계 수단 형성을 지원한다는 프로그램의 근본적인 약점을 정확히 지적하는 말이다.

여기에, 제1장에서 설명한 것과 같이 장기화된 난민 캠프에 대한 공여국의 관심 또한 크지 않아 애초에 원조 자금 자체가 모이지 않는다는 치명적인 문제가 존재한다.

조사 기간 중에 UNHCR 가나 사무소의 관리직 스태프들과의 미팅 자리에서 캠프 빈곤층의 생활 상태가 너무나도 열악한 점을 지적하고, 이러한 빈곤층에게 UNHCR을 포함한 국제기구의 지원이 절실하다는 점을 강조한 일이 있다. 이에 대해 한 미국인 스태프가 다음과 같이 냉정하게 말했다.

"더 이상 여기(라이베리아) 난민들을 공여국에 '세일즈'해 봐야 소용없어요. 내전도 이미 오래전에 끝났고, 어느 공여국도 돈을 내지 않을 겁니다. UNHCR도 곧 가나에서 철수할 예정이고요."

그의 말은 사실이었다. UNHCR은 2009년부터 2011년에 걸쳐 지원 프로그램을 하나둘 종료하고, 체류 중인 난민들에게 출신국인 라이베리아로 귀환하도록 적극적으로 권했다.

* * *

연구 조사를 시작하고 2개월쯤 지나 연구의 주제인 난민의 경제 활동에 대한 조사를 진행하면서, 같은 캠프에 사는 난민들 사이에도 상당한 경제적 격차가 존재하고, 생활 수준에도 큰 차이가 있다는 사실이 차차 확연하게 보이기 시작했다. 이러한 격차를 야기하는 가장 큰 요인은 미국을 중심으로 하는 선진국으로부터 '송금'을 받는지의 여부였다. 개개인의 노력과는 전혀 상관없는 곳에서 빈부가 결정되는 현실이 너무나도 안타깝다.

하지만, UNHCR과 같은 원조 기구의 지원이 격감할수록 캠프에서 해외 송금이 갖는 영향력이 커져 가는 것을 목격한 난민들은 미국, 유럽 등에 대한 과장된 꿈을 꾸며 선진국으로의 이주를 갈망하게 되었다.

4

선진국이라는
유토피아를 향한 열망

언젠가는 미국으로

"걔네들은 '재정착'이라면 뭐든지 할 거야. 라이베리아 대통령을 죽이는 사람한테 재정착 우선권을 준다고 하면 정말 죽이러 갈 거라고. 그 녀석들은 재정착에 눈이 뒤집혔다니까."

험한 말을 내뱉는 주인공은 바로 부두부람 캠프의 책임자인 가나 국적 매니저 아푼이었다. 이야기를 시작하기에 앞서, 낯선 '재정착'이라는 용어를 설명할까 한다.

UNHCR의 중요한 사명 중 하나는 불행하게 난민이 된 사람을 '난민이 되지 않게 하는 것'이다.

이를 위해서 UNHCR이 정한 세 가지 '영구적 해결 방안'이라는 수단이 있다.

첫 번째, 출신국 귀환. 내전 등이 종료되어 난민이 자의적으로 자국으로 돌아가는 것.

두 번째, 지역 통합. 비호를 구한 보호국(부두부람 캠프의 경우 가나)에서 영주권을 취득하는 등, 이후에도 해당 보호국에 정착하는 것.

그리고 마지막으로 세 번째, 재정착. 출신국 귀환이나 지역 통합 중 어느 것도 곤란한 난민을 제3국이 수용하는 것.

재정착 수용국으로는 미국을 시작으로, 캐나다, 호주, 스웨덴, 노르웨이, 영국 등 선진국이 주가 된다. 나소 늦긴 했지만 일본도 2010년부터 미얀마 난민의 재정착 수용 제도를 시험적으로 시작

하여, 2016년까지 약 120명의 재정착 난민을 받아들였다.＊

난민을 수용하는 제3국의 수가 턱없이 부족한 탓에 재정착은 전세계 난민의 약 1%에게만 주어지는 예외적인 조치로, 난민들 사이에서는 '로또'로 여겨진다.

그러나, 그럼에도 많은 난민들 사이에서 재정착에 대한 인기가 치솟고 있다. 이들 대부분은 미국이나 유럽 등 선진국에 가기만 하면 장밋빛 미래와 유복한 삶이 약속될 것이라고 생각한다.

부두부람 캠프에서 생활하는 라이베리아 난민들에게도 역시나 미국, 캐나다 등으로의 재정착은 압도적인 인기를 누리고 있었다. 종종 재정착이 이들의 '인생 최대의 목표'가 되기도 했다. 앞에 잠깐 소개한 캠프 매니저인 아푼의 말은 라이베리아 난민이 얼마나 재정착에 집착하는지를 냉소하는 것이었다.

제1장에서 설명한 바와 같이, 라이베리아는 과거에 사실상 미국의 식민지였다. 그 옛날 지배국에 대한 동경은 지금까지도 뿌리가 깊은데, 부두부람 캠프의 난민들 사이에서도 재정착 국가 중 미국이 단연 가장 높은 인기를 차지하고 있었다. 옛날 일본의 자동차 광고에서 "언젠가는 크라운"이라는 캐치프레이즈가 유행했는

＊ 대한민국의 경우, 2015년부터 3년간 '재정착 난민 시범 사업'으로 2017년까지 미얀마 카렌족 출신 난민을 수용, 그 후에도 매년 30명가량의 재정착 난민을 가족 단위로 수용하고 있다.

데, 이곳에서는 "언젠가는 미국"이 유행이었다. 실제로 미국에서는 미네소타 주나 노스캐롤라이나 주에 꽤 큰 규모의 라이베리아 커뮤니티가 존재한다. 미국으로 건너간 이들은 그야말로 꿈을 손에 쥔 사람들이었다.

친추 요청

"익스큐즈 미!! 익스큐즈 미!! 저기요, 거기 당신, 잠깐만요! 잠깐만 나 좀 봐요!"

어느 날 늦은 오후, 내가 캠프의 큰길을 걸어가고 있을 때의 일이었다. 멀리서 큰 소리로 날 부르며 종종걸음으로 뛰어오는 여자 세 명이 눈에 들어왔다.

세 명 모두 처음 보는 얼굴들이었다. 모두 20대 초반으로 보였다. 무슨 일인지 어리둥절한 채 엉거주춤 걸음을 멈추자 세 명 중 가장 키가 큰 여성이 가쁜 숨을 몰아쉬며 말을 걸어왔다.

"안녕? 만나서 반가워요. 내 이름은 캐서린. 그쪽 이름도 가르쳐 줘."

"내 이름은 나오. 만가워요"

"저기, 당신 여기서 뭐하는 거야?"

"연구 조사를 하고 있어. 난 학생인데 라이베리아 난민의 경제 생활에 대해 논문을 쓰고 있거든."

"흠, 학생이란 말이지…… 근데 어디에서 왔어?"

"재팬에서 왔어."

"재팬? 재팬이 어디에 있는 나라야?"

"아시아. 차이나 옆에 있어."

"재팬에선 영어 써?"

"아니, 일본어. 영어는 안 써."

"그렇구나. 이상한 나라네, 영어를 쓰지 않는다니…… 근데 혹시 미국에 친구 있어? 캐나다나 호주도 괜찮은데 말이야."

"음, 있긴 한데…… 왜?"

"그거 잘됐다! 친구가 있단 말이지?! 우리 친구 할까? 나 당신에 대해서 더 알고 싶어. 당신 친구들이랑도 친해지고 싶다고!"

'미국에 아는 사람이 있다'라고 대답한 순간, 함께 있던 두 여성의 눈이 반짝 빛났다. 이제 만난 지 고작 3분이나 되었을까 싶은 캐서린은 두 손으로 내 오른손을 소중히 감싸 잡았다. 그리고 숨결이 느껴질 만큼 가까이 다가와 내 귀에 속삭였다.

"저기 말이야, 우리 미국으로 '트래블'하고 싶어. 당신이 친구를 소개해 주지 않을래?"

캐서린이 보내는 선정적인 시선이 느껴졌다. 미니스커트 아래로 쭉 뻗은 그녀의 각선미와 티셔츠 아래로 풍만함이 느껴지는 가습도 눈앞에 다가왔다. 요염한 미소를 띠며 캐서린은 속삭이듯 말을 이어 갔다.

"우리 아주 좋은 친구가 될 것 같은 느낌이야. 당신 지금 어디 살지? 아, 그래! 핸드폰 번호 좀 알려 줘."

슬슬 상황을 파악한 나는 얼떨결에 거짓말을 했다.

"어…… 사는 곳은 캠프 바깥인데…… 아직 가나에 온 지 얼마 안 돼서 핸드폰이 없어."

묘령의 세 여인이 어쩌다 캠프에서 눈에 띈 이색적인 동양인에게 첫눈에 반했다? 물론 어림없는 일이다. 그녀들이 필요 이상으로 나에게 관심을 보인 것은 나를 통해 재정착 또는 선진국으로 이주할 기회를 모색하기 위해서다.

내가 라이베리아와 인연이 깊은 미국이나 재정착 수용국으로 유명한 캐나다나 호주 출신이 아닌 것은 계획상의 착오였겠지만, 그럼에도 그녀들은 혹시 모를 가능성에 매달렸다.

"저기, 다음엔 언제 캠프에 올 거야?"

"아직 잘 모르겠어. 한참 있다가 올 수도 있고……. 그리고 내 친구들은 당신들을 도와줄 수 없을 거야 아쉽지만……. 미안."

상관없다는 듯 캐서린은 내가 들고 있던 펜과 메모지를 낚아채 자신의 핸드폰 번호를 적어서 건네 줬다.

"여기 내 핸드폰 번호야. 다음에 올 때 꼭 나한테 전화 줘. 난 항상 캠프에 있으니까 금방 만날 수 있어. 약속이야 꼭!"

물론 내가 캐서린에게 전화하는 일은 없었다. 재정착이 되었든, 해외 이주가 되었든 내가 그녀들에게 도움이 될 일은 없었다. 그렇기 때문에 상대방이 헛된 기대를 품을 행동은 해선 안 되었다.

캠프에서 현지 조사를 하던 때에는 캐서린과 친구들 외에도 선진국으로 이주를 꿈꾸는 난민들로부터 몇 번이고 '친추(친구 추천) 요청'을 받았다. 캠프의 매니저인 아푼이 말했던 것처럼 이 캠프에는 수많은 사람들이 재정착이라는 '열병'을 앓고 있는 것처럼 보였다.

"우리가 이렇게 만난 건 데스티니야."

그러나 그중에는 '친추 요청'의 정도를 넘어선, 정말 끈질긴 경우도 있어서 피해 다닌 일도 몇 번 있다.

부끄럽기 짝이 없는 일이지만, 집요하게 반복되는 어느 난민의 재정착 요구에 결국 '버럭'한 일도 있었다.

내가 화를 참지 못했던 상대는 '그레고리'라는 이름의 군인 출신 32세 남자였다. 제2장에서 소개한 캠프의 출입 금지 구역 GAP에 살던 사람으로, 라이베리아 내전 당시 소년병으로 전투에 참가한 경험이 있었다. 난폭한 구석이 있고 자신의 과거를 내세우며 살벌

한 기운으로 상대방을 마음대로 휘두르려는 타입이다.

딱 한 번 그를 인터뷰한 일이 있는데, 질문에는 전혀 답하지 않고 일방적으로 재정착을 지원해 달라고 내게 요구했다. 나는 그저 학생에 지나지 않을 뿐 선진국으로의 이주를 도울 수 있는 권한이 없다고 정중히 설명했지만, 그는 자기 얘기만 계속했다.

"우리가 여기에서 이렇게 만나게 된 건 '데스티니(운명)'야. 신이 나를 구하기 위해 너를 이 캠프로 인도한 거라고. 난 캠프에서의 하루하루가 너무 힘겨워. 라이베리아에 돌아가면 복수하려는 사람들에게 죽임을 당할 거야. 외국으로 가는 수밖에 없어."

인터뷰가 끝난 후, 나는 일부러 그레고리와 거리를 두었는데, 그는 가끔 전화를 거는 정도에 그치지 않고 캠프에서 조사 활동 중인 나를 발견하면 다른 사람과 인터뷰 중임에도 아랑곳 않고 "재정착을 지원해 주기로 한 일은 어떻게 됐어?"라며 억지로 끼어들었다.

이런 일이 조사 기간 중에 몇 번이고 반복되었고, 그럴 때마다 인터뷰가 중단된 나는 결국 그레고리에게 강한 혐오감을 갖게 되었다.

그날은 캠프 안 길가에 돗자리를 깔고 헌 옷을 파는 난민 여성을 길거리 인터뷰를 하던 중이었는데, 연구 보조원인 '조셉'이 함께 있었다. 마침 그곳을 지나가던 그레고리가 날 보더니 다가오기 시작했다. 할 말이 있다고 했다.

"지금 인터뷰 중이니까 끝날 때까지 기다려 주지 않겠어?"

"아니, 내 얘기가 더 급해."

언제나 그렇듯 억지를 부렸다. 그레고리는 또 자기 얘기를 시작했다.

"재정착 얘기 말인데, 어떻게 되어 가는 거야? 진전이 좀 있어?"

"전에도 얘기했지만, 그 일은 정말 미안하지만 난 아무런 힘이 되어 줄 수 없어. UNHCR과 직접 얘기를 나눠 보는 게 좋을 거야."

내가 대답하자, 그는 거칠게 언성을 높였다.

"아니, 넌 날 도와줘야 한다고! 이해가 안 되는 모양인데, 난 난민이야! 이 캠프에는 내 목숨을 노리는 녀석들도 있다고! 당장 손을 좀 써 보란 말이야!"

당시 난 연구 진행이 더뎌져 정신적으로도 쫓기는 나날을 보내고 있었다.

캠프에서 체류를 시작한 지 3개월이 넘었지만 생각대로 인터뷰가 진행되지 않았고, 게다가 캠프에 와서 처음으로 말라리아(체류기간 중 나중에 한 번 더 말라리아에 걸렸다)에 걸려 며칠 동안 치료를 받느라 더욱 여유가 없던 터였다. 수도인 아크라의 병원에서 링거를 맞으며 병상에서 서른일곱 살 생일을 맞이했던 난 '이번 조사기간 중에 논문 집필에 필요한 데이터를 수집할 수 있긴 한 걸까?'라는 불안에 휩싸였다.

수중에 겨우 조사에 필요한 돈만 들고 가나에 왔던 나에게 현지 조사를 다시 한다는 것은 상상할 수조차 없는 선택지였다. 앞이 보이지 않는 막막함과 초조함을 가슴속에 숨긴 채 아무렇지 않은 듯 캠프로 돌아오곤 했던 난, 결국 그날 그동안 그레고리에게 쌓였던 불만을 폭발시키고 말았다.

"대체 왜 내가 널 도와줘야 하는데! 네가 난민이 된 게 내 탓이야? 아니잖아. 난민인 걸 핑계로 내세우지 말란 말이야. 몇 번이고 얘기했잖아. 난 재정착 관련해서 아무것도 해 줄 수 없고 하고 싶지도 않아. 이제 더 이상 이 얘긴 하지 마!"

분노한 내 목소리에 지나가던 사람들이 멈춰 서서 무슨 일이 벌어졌나 싶어 이쪽을 바라보았다.

내 과격한 반응이 예상 밖이었던지, 그레고리는 잠시 멈칫했다. 하지만 이내 찌를 듯이 험악한 시선으로 날 노려보더니 아무 말 없이 자리를 떠났다.

그제서야 정신이 돌아왔다. '내가 무슨 말을 한 거지…… 그것도 이 많은 사람들 앞에서…….' 말할 수 없는 후회와 자기혐오가 밀려들었다.

내 연구 보조원인 조셉이 아무 말 없이 나를 바라보고 있었다. 나잇값도 못하고 감정을 그대로 폭발시킨 나를 경멸하고 있음이 분명하다고 생각했다.

그날 저녁, 모든 인터뷰를 마치고 집으로 돌아가는 길, 나는 조셉에게 조용히 감정을 털어났다.

"아까는 소란을 피워서 미안했어. 상대방이 너무 끈질긴 바람에 그만⋯⋯."

어색하게 얘기를 꺼내자 조셉에게서 생각지 못한 답이 돌아왔다.

"아니야, 아까는 네가 옳았어. 그럴 때 가장 해서는 안 되는 일이 그저 그 자리를 모면하려고 둘러대는 일이야. 지금껏 외국에서 온 저널리스트나 학생을 여럿 보조해 봤지만 모두들 '내 나라에 돌아가면 당신들이 이주하도록 도울 수 있을지 검토해 보겠다'라면서 결국엔 아무런 연락도 없어. 지키지 못할 약속을 할 바엔 난 아무런 도움이 되지 못한다고 확실하게 상대방에게 전달하는 게 훨씬 낫지."

그리고 조셉은 미소를 띠며 말을 이어 갔다.

"그런데 말이야, 네가 감정적이 된 모습은 처음 봤어. 아깐 정말 가차 없이 말하던데 말이야. 게다가 모두 네가 말한 그대로야. 우리가 난민이 된 건 네 탓이 아니야. 당연한 말이지만, 우리들 앞에 대 놓고 말하는 녀석은 처음 봤다고."

조셉이 건넨 이 말은 극심한 자기혐오의 늪에 빠진 날 다시 밖으로 끌어내 주었다.

그 후 그레고리로부터 더 이상 전화가 오지 않았고, 길에서 만나도 말을 걸어오는 일은 없었다.

재정착이라는 이름의 악마

부두부람 캠프 주변 대부분의 난민들은 재정착에 부푼 꿈을 안고 있었는데, 빈곤층일수록 커다란 꿈을 갖고 있었다.

앞 장에서 소개한 어네스티 가족으로 대변할 수 있는 캠프 극빈층의 생활은, 현재의 열악함은 물론이고 앞으로 개선될 전망도 보이지 않는 실정이었다.

이러한 상태에 놓이게 되면 사람들은 그 어떤 희망을 품으며 스스로를 다독이고 힘든 하루하루를 견딜 수밖에 없는 것 아닐까 하는 생각을 하곤 했다. 현실적으로 선진국으로의 이주가 이루어질 확률이 어느 정도 될지는 또 다른 문제다. 곤궁한 난민에게 선진국에서의 새로운 생활을 꿈꾸는 일은 당장 죽지 못해 사는 것 같은 하루하루를 잠시나마 잊을 수 있게 해 주는 '마약'과도 같은 것이었다.

그 증거로 캠프에서는 재정착에 관한 근거 없는 소문들이 항상 생겨나곤 했다. 캠프에서 처음 보는 백인 방문자가 있으면 난민들은 '재정착 대상자를 찾기 위해 캠프를 방문한 서구 선진국의 정부 관계자'라고 멋대로 해석했고, 수도인 아크라에 근무하는 UNHCR 직원이 캠프를 방문하면 '재정착 인터뷰가 곧 있을 것'이라며 그럴듯한 정보가 되어 떠돌았다.

하지만 재정착에 대한 집착은 커다란 폐해가 되기도 한다.

나와 마찬가지로 영국 프리미어 리그 명문인 리버풀 FC를 사랑해 마지않는 '에머슨'은 23세로, 띠동갑보다도 더 어린 친구인데, 캠프에서 체류하던 때 내가 사적인 시간을 가장 많이 함께 보낸 친구이기도 하다. 유럽의 축구 시즌 중에는 축구 경기를 보기 위해 주말마다 함께 스포츠 바에 가고, 경기가 끝나고 나면 함께 맥주잔을 기울이며 그날의 시합을 평가하는 게 우리의 주말 일과였다.

캠프에서 생활하는 다른 많은 라이베리아 난민 청년들과 마찬가지로, 에머슨도 서구 선진국으로 이주하기를 열망하고 있었다. 그뿐만 아니라, 다른 난민과 달리 재정착이 그의 가족에게는 '꼭 이루어야만 하는 사명'이기도 했다.

라이베리아 내전 중에 아버지와 생이별을 하고(지금까지도 생사 불명이다), 어머니와 여동생 두 명과 함께 옆 나라인 코트디부아르로 탈출하여 살아남은 에머슨은 그로부터 몇 년 후인 2000년, 재정착을 모색하기 위해 가족을 코트디부아르에 남겨 놓은 채 가나로 오게 되었다. 코트디부아르에는 정규 난민 캠프가 없기 때문에 재정착 신청을 위해서는 가나로 와야만 한다는 것이 난민 사이에서는 정석으로 통하고 있었다.

어느 주말, 언제나처럼 프리미어 리그 축구 경기를 관전한 후 우리는 바에서 미지근한 맥주를 마시고 있었다.

"있잖아, 왜 그렇게까지 재정착을 고집하는 거야?"

내가 묻자 에머슨은 맥주잔을 비운 후 자신의 생각을 재확인하는 듯 천천히 말을 꺼냈다.

"선진국으로 이주하는 건 우리 가족에게 꼭 필요한 일이야. 아버지가 어디 계신지도 모르는 지금은 내가 우리 집에서 유일한 남자야. 난 미국에 가서 대학에서 농업을 전공하고 싶어. 그러면 가족을 부양할 수 있을 거고, 앞으로 라이베리아의 부흥에도 도움이 되겠지. 그러니까 절대로 재정착을 포기할 수 없는 거야."

"미국에 가지 않아도 가나나 라이베리아에 있는 대학에서 농업을 공부할 수 있지 않아?"

에머슨이 말한 '미국 대학에서 농업 전공'이라는 부분이 마음에 걸린 내가 의문스럽게 물어보자 그는 한 옥타브 높은 목소리로 답했다.

"미국의 고등 교육은 아프리카와는 질 자체가 다르다고. 너도 선진국에서 왔으니까 알잖아? 그리고 미국에 가면 교육 말고도 다른 기회가 있을지도 몰라. 재정착도, 다른 방법도, 아무거나 괜찮아. 난 어떻게 해서라도 꼭 선진국에 갈 거라고!"

흥분한 목소리로 열변을 토한 에머슨은 마치 결의를 다지는 듯한 모습이었다.

난 에머슨의 말에 압도되면서도 동시에 위화감을 느꼈다. 재정착에 이상할 정도로 집착하는 모습을 보니 그가 '가나'에서의 생활을 비생산적인 시간으로 생각하는 것처럼 여겨졌기 때문이다.

예를 들자면 에머슨은 가나에 와서 난민 지위를 인정받은 지 벌써 8년이 지났음에도 다른 많은 라이베리아 난민들과 마찬가지로 가나 현지 말을 전혀 할 줄 몰랐다. 왜 가나 말을 배우지 않는지 물어봐도 다들 "어차피 곧 미국(또는 다른 선진국)으로 갈 텐데 가나 말을 배울 필요가 없다."며 당연하다는 듯 대답할 뿐이었다.

내가 인터뷰했던 라이베리아 난민 중 많은 사람들은 모두 입을 모아 가나 사람들이 얼마나 배타적이고 난민에게 차가운지를 스스럼없이 얘기하곤 했다. 하지만 라이베리아 난민을 받아 준 가나 사람들의 입장에서 본다면, 가나에서 몇 년을 살면서 그 나라 말도 배울 생각이 없는 외국인에게 친근감이 느껴질 수 있을까?

예를 들어, 일본에서 10년 가까이 살면서 일본 문화에 전혀 관심도 없고 일본 사람들과 대화할 때 영어만 쓰려는 외국인이 있다면 나라도 그 사람에게 강한 위화감을 가질 수밖에 없을 것이다.

게다가 현지 언어를 구사할 수 없다면, 만약 가나 정부가 난민에게 정규 취업 시장을 개방한다고 할지라도 난민들이 그러한 기회를 살리기 어려울 것이다.

에머슨의 굳은 의지는 칭찬해야 마땅하지만, 그의 경우 재정착이라는 악마에라도 씌어 '지금의 삶에 최선을 다한다'는 세계 공통의 기본 원칙을 대수롭지 않게 여기는 것처럼 느껴졌다.

재정착에 집착하는 라이베리아 난민들은 가나, 그리고 부두부람 캠프를 선진국에 가기까지의 '통과 지점(Transit Point)'으로 곧잘 표현했다. 그러나 이 '통과 지점'에서의 20년은 너무 길기만 하다.

사람에게 꿈이란 물론 필요한 것이지만, 재정착이 정말 추구할 가치가 있는 꿈인 걸까?

그저 저 멀리 떠 있는 잡을 수 없는 뜬구름은 아닌 걸까?

캠프의 신데렐라 스토리

앞서 설명한 바와 같이 부두부람 캠프에는 인터넷 카페가 세 군데 있다. 내가 캠프에 머무는 동안 3일에 한 번은 인터넷 카페를 이용했는데, 항상 손님들로 가득해서 종종 줄을 서서 순서를 기다리곤 했다.

인터넷 카페가 성황리에 운영되는 가장 큰 이유는 당시 젊은 라이베리아 난민 사이에서 크게 유행한 '인터넷을 통해 개인 스폰서 찾기'였다.

앞서 설명한 바와 같이 해외 송금은 캠프에서의 생활 수준에 결정적인 차이를 가져온다. 하지만 그레이스나 존스처럼 선진국에 살고 있는 형제자매나 배우자로부터 시시때때로 '생활비'를 송금받는 경우는 극소수다. 이러한 연결 고리가 없는 대부분의 난민(주로 젊은층)에게는 페이스북이나 '친구 찾기 사이트'에 가입하여 인터넷으로 스폰서 찾기에 집중하는 일이 '중요한 경제 활동'이었다.

이들은 네트워킹 전용 사이트에 가입한 후 사진과 프로필을 등록하는데, 사이트에서 알게 된 사람들에게 자신이 난민이 된 경위와 현재의 생활을 상세히 늘어놓는다. 이러한 활동의 궁극적인 목적은 사이트를 통해 알게 된 '새로운 친구'가 자신의 개인 스폰서가 되어 그로부터 경제적 지원을 받고, 나아가서는 '스폰서'가 살고 있는 나라에 이주할 수 있도록 도움을 받는다는, 상당히 야심만만한 것이었다.

이러한 인터넷 스폰서 이야기를 처음 들었을 때 '그저 인터넷으로 알게 된 사람에게 그런 지원을 해 주는 사람이 있을까?' 하고 매우 회의적이었지만, 의외로 성공담도 여러 건 있었다.

캠프에서 인터넷 스폰서 찾기가 인기를 얻게 된 계기가 된 '마사'라는 35세의 여성이 있었다.

그녀는 친구 찾기 사이트에서 알게 된 노르웨이 남성과 연인 관계로 발전하여 금전적인 지원을 받은 것은 물론, 최종적으로는 결혼에 '골인'했다.

연구 보조원으로 나를 도와주었던 페니는 마사와 같은 교회에 다녔는데, 그 덕분에 나도 마사와 몇 차례 이야기를 나눌 수 있었다.

그녀와 첫 인터뷰를 하기 전, 나는 그녀의 프로필을 보고 그 용모에 반해 괜한 망상에 빠져들었다. 어쩌면 그녀는 빼어난 몸매에 건강하게 빛나는 검은 피부를 지닌, 인터넷에 올린 사진만으로도 충분히 매력을 발산하는 '나오미 캠벨' 같은 여성일지도 몰랐다.

쓸데없는 생각으로 머릿속이 가득한 상태로 약속 장소인 카페에 도착했다. 그런데 그곳에서 나를 기다리고 있는 마사는 내 상상과는 동떨어진 모습이었다. 약간 통통한 체형에 키는 160센티미터 정도로, 평범한 라이베리아 여성의 모습이었다.

사람의 취향이라는 것이 천차만별이지만, 그녀를 보고 '미인'이라고 할 사람은 솔직히 말해서 그다지 많지는 않을 것 같았다. 그런데 정작 이야기를 나눠 보니 모난 곳이 없고 영특함이 보였다. 그리고 고양이 눈처럼 변하는 표정과 데굴데굴 소리가 날 것 같이 움직이는 커다란 그녀의 눈동자는 애교스러웠다. 웃을 때마다 가지런하고 흰 치아가 눈에 들어왔다.

"남편은 어떻게 만났어?"

"남편은 2005년에 인터넷 사이트에서 만났어. 내 프로필 사진을 보고 남편이 먼저 메일을 보내왔는데, 처음에는 그렇게 반년쯤 이메일이랑 채팅으로 연락을 주고받으면서 친해졌지. 내가 라이베리아에서 온 난민이라는 사실을 숨기지 않고 털어놨는데 남편은 내 사정을 이해해 줬어. 그리고 2006년에 글쎄 날 만나러 캠프에 왔어. 노르웨이에서 말이야! 정말 깜짝 놀랐어!"

노르웨이 사람인 남편은 40대 중반으로, 2006년에 마사를 만나러 유럽에서 서아프리카까지 건너왔고, 가나에서 3개월간 체류

했다. 일단 귀국한 후 2007년에 다시 캠프로 찾아온 그는 마사에게 정식으로 프러포즈했다고 한다. 내가 마사를 인터뷰했던 2009년 당시에는 그녀를 자신의 배우자로 노르웨이에 데려가기 위한 비자 수속 중이었다.

이 남자와 만나기 전 마사의 생활은 결코 유복하다고 할 수 없는, 캠프의 식당에서 서빙하면서 근근이 생계를 이어 가는 상황이었다. 그러나 2006년 첫 캠프 방문 때 마사에게 푹 빠진 이 남자는 노르웨이에 돌아간 후에도 생활비로 그녀에게 매달 300달러씩 송금해 주었다.

한 달 생활비로 이 정도 있으면 부두부람 캠프에서는 상당히 여유 있는 생활을 할 수 있다. 사실 그녀가 걸치고 있는 옷가지, 장신구, 다양한 기능이 있는 최신형 핸드폰을 보면 마사가 물질적으로는 부족함 없는 생활을 누리고 있음을 잘 알 수 있었다.

이러한 '마사의 신데렐라 스토리'는 순식간에 캠프에 퍼져 나갔고, 폭발적인 '인터넷 스폰서 찾기' 붐이 일어났다.

인터넷 스폰서 찾기 컨설턴트

막대한 수요가 생겨나는 곳엔 눈치 빠른 사람들이 돈벌이를 위해 달려드는데, 이러한 모습은 난민 캠프에서도 마찬가지다.

캠프에는 인터넷 스폰서 찾기를 전문으로 하는 '컨설턴트'가 여기저기 등장했다.

IT 기술에 정통한 이들은 '성공 실적'까지 내세우고 있었다. 이들이 던지는 미끼는 인터넷을 통해 실제로 개인 스폰서를 찾고 금전적 지원을 받을 수 있다는 것이었다.

그들은 '어떤 사이트가 성공률이 높은지', '어떤 프로필을 올려야 하는지', '어떤 사진을 올리는 것이 적절한지', '혹시 연락이 오는 경우 어떻게 연락을 이어 가야 하는지' 등의 노하우를 제공했다.

그들은 성공 보수 시스템을 내세웠다. 초기 수수료는 얼마 안되지만 스폰서 획득에 성공하면 30~40%의 커미션을 받도록 되어 있었다.

마사도 처음에는 인터넷에 익숙하지 않아 IT 컨설턴트의 조언을 받았다고 했다.

20대 초반인 '알렉스'는 캠프에서 활동하는 IT 컨설턴트 중에서도 가장 능력이 좋은 것으로 유명했다. UNHCR이 주최한 직업 훈련 코스에 참가하여 컴퓨터의 기본 기술을 배운 알렉스는, 그 자신도 지금까지 캐나다나 미국에 사는 '인터넷 친구'로부터 상당한 액수의 금전적 지원을 얻어 낸 터였다.

조사 기간 중 난 알렉스의 허락을 얻어 그가 일하는 모습을 취재했다. 그의 고객 중 한 명과 함께 인터넷 카페에 가서 실제로 이들이 어떻게 본 적도 만난 적도 없는 외국에 사는 사람들과 이야기를 성사시키는지 지켜보았다.

알렉스는 "인터넷에서 후원자를 찾는 일은 시간과 인내가 요구되며, 노력이 쌓이고 쌓여서 이루어지는 작업이기에 성과에 조급해하면 실패하기 마련"이라고 했다.

그날 알렉스는 고객인 20대 중반의 난민 여성에게 이렇게 조언을 건넸다.

"절대로 거짓으로 프로필을 올리지 마. 나중에 얘기가 진행되면 앞뒤가 맞지 않게 되니까."

"항상 사이트에 사진을 올리도록 해. 이때 사진은 '평소' 사진을 올려. 이상하게 섹시한 사진을 올리면 사람들이 경계하니까."

"절대로 처음부터 개인 후원을 해 달라는 얘기를 꺼내면 안 돼. 돈이 목적이라고 생각할 거야. 일단 신뢰 관계를 구축하는 데 집중하도록 해."

이러한 조언은 모두 알렉스의 경험에서 비롯된 것이었다.

나는 인간의 감정 전개를 잘 파악한 알렉스의 독창적인 접근 방식에 감탄했고, 한편으론 이를 하나의 사업으로까지 발전시킨 그의 실력을 그저 칭찬할 수밖에 없었다.

원조 기관 직원들 중에는 이처럼 난민들이 인터넷으로 스폰서를 찾는 일에 눈살을 찌푸리는 사람도 많았다. UNHCR 가나 사무소의 캐나다 출신 직원은 "난민은 어차피 인터넷 사기나 따라하는 일에 정신이 팔려 있을 뿐"이라고 내뱉었다.

내가 인터넷 스폰서는 쌍방 합의하에 이루어지는 개인적인 지원이라고 강조했지만, 그는 쓴 약이라도 넘기듯 찡그리며 이렇게 말했다.

"우린 그런 일에 쓰라고 캠프에서 컴퓨터 교육을 제공하는 게 아니야. 난민들이 배운 지식을 잘 살려서 보다 제대로 된 일거리를 찾아 자립하고 생활을 꾸리게 하고 싶은 거라고."

이 UNHCR 직원과 나눈 대화 내용을 나중에 알렉스에게 얘기하자 그는 진지한 눈빛으로 이렇게 말했다.

"난 그 직원의 말에 전혀 찬성할 수 없어. 가나에서 난민으로 살아가기 위해선 가능한 모든 기회를 이용해야만 해. 캠프 밖에서는 일을 할 기회조차 없어. 캠프에서 장사를 시작해도 돈벌이가 안 돼. 은행에서 대출을 받을 수도 없고. 그런 상황에서 대체 어떻게 자립해서 생계를 꾸리라는 건데?"

맞는 말이다. "이 캠프에서 살아간다는 게 쉬운 일이 아니네." 라고 답하는 나에게 알렉스는 희미한 미소를 지으며 자랑스럽게 말했다.

"그렇지? 그러니까 내가 하는 인터넷 스폰서 찾기는 우리만의 창조 경제라니까!"

하지만 인터넷을 통한 후원자 찾기가 결실을 맺을 가능성은 극히 낮았다. 그래도 부두부람 캠프의 난민들은 희박한 가능성에 기대며 오늘도, 또 내일도 그렇게 인터넷 카페로 발길을 옮긴다.

사라진 꿈 – 머나먼 호주

우기에 접어들어 매일같이 장대비가 계속 쏟아지는 가나의 4월 어느 날 아침, 근처에 사는 '새뮤얼'이 아침 6시라며 걸어온 전화에 눈을 떴다.

아직 잠이 가득한 목소리로 전화를 받자, 이 라이베리아 난민 청년은 말끝이 톡톡 튀는 특유의 억양이 느껴지는 영어로 일방적으로 속사포처럼 말을 쏟아 냈다. 잠에 취한 상태였지만 새뮤얼이 매우 흥분했다는 것 정도는 바로 알 수 있었다.

몽롱한 머릿속에서 새뮤얼의 말을 정리해 보니, 그가 요즘 한동안 열심히 연락을 주고받던 인터넷 스폰서 찾기의 상대로부터 좋은 소식을 들은 모양이었다. 잠이 덜 깬 탓에 내 대답이 성의 없게 느껴졌는지 새뮤얼은 한층 큰 목소리로 수선을 떨었다.

"나오! 지금 내 말을 듣고 있긴 한 거야? 돈만 받는 게 아니라 호주로 갈 수 있을지도 모른다고! 드디어 나한테도 볕들 날이 찾아왔다고!"

'호주'라는 단어를 듣고 떠올렸는데 새뮤얼은 몇 개월 전에 친구 찾기 웹사이트를 통해 호주에 사는 50대 백인 여성과 알게 되어 자주 이메일을 주고받는 사이가 되었던 터였다.

그 당시 이제 막 스무 살이 된 새뮤얼은 겉으로는 구김살 없이 해맑은 청년이었지만, 그 쾌활함 뒤에는 씻으려야 씻을 수 없는 심각한 트라우마를 안고 있었다.

이야기는 새뮤얼이 난민이 되기 전으로 거슬러 올라간다.

그는 라이베리아 내전이 한창이던 때 친숙부의 손에 부모님이 살해당하고 겨우 자신의 목숨을 건져 라이베리아에서 도망쳐 나온 어두운 과거를 안고 있었다.

새뮤얼의 말에 따르면, 그의 아버지, 그리고 아버지의 동생인 숙부는 오랜 세월을 토지 상속 문제로 심하게 다퉈 왔다고 한다. 그러던 중 토지 문제가 형, 그러니까 새뮤얼의 아버지에게 유리한 쪽으로 기울어질 것을 두려워한 숙부가 라이베리아 내전이 최종 국면을 맞이한 2003년의 어느 날 밤, 반정부군으로 위장해 친형의 집을 기습했고, 새뮤얼의 부모님을 살해하기에 이른 것이었다.

물건이 깨지고 크게 다투는 소리를 듣고 심상치 않은 분위기를 느낀 새뮤얼과 동생인 '마커스'는 침실 창문을 통해 집을 탈출해 근처 숲에 몸을 숨겼다. 그렇게 숨죽인 채 꼬박 밤을 지새우며 겨우 목숨을 건진 형제는 날이 밝자 가끼운 부두까지 걸어가 나오가는 배에 몰래 숨어 타고 라이베리아를 떠났다. 형제의 부모님을 살해한 숙부는 그 후 죗값을 치르지도 않은 채 그대로 라이베리아에 살고 있다고 했다.

이런 사연을 가진 새뮤얼에게 고향인 라이베리아는 그저 암흑의 땅에 지나지 않았다.

그가 새로운 세상에서의 삶을 쫓아 인터넷에서 자신을 도와줄 손길을 찾는 것은 어찌 보면 당연한 일인지도 모르겠다.

새뮤얼은 이메일을 주고받던 호주의 후원자 여성으로부터 난민/인도적 비자(호주 밖에서 난민 자격으로 체류 중으로, 출신국에서 박해를 받을 위험이 있는 사람을 보호하기 위한 체류 자격)를 신청하여 새뮤얼과 동생을 양자로 받아들여 호주에서 돌봐 주겠다는 이메일을 받았다. 새뮤얼의 반응은 폭발적일 수밖에 없었다.

"그분에게 지금까지의 내 사연을 모두 이야기했는데 내 처지를 매우 동정해 주셨어. 이제 라이베리아엔 절대로 돌아가고 싶지 않고 호주에서 새로운 인생을 시작하고 싶다면서 '우리 형제의 엄마가 되어 주실 순 없나요?' 하고 부탁드렸어. 그랬더니 인도적 지원 절차를 통하면 호주로 갈 수 있을지도 모른다고 하셨어. 그리고 당장 생활비로 쓰라고 200달러를 보내 주셨다니까!"

귓가를 때리는 새뮤얼의 흥분한 목소리를 들으며, 그의 힘들었던 과거를 알고 있는 나 또한 이번 호주 이주 신청 허가가 꼭 나오길 기도했다.

이 호주 여성은 진지하게 이 이야기를 꺼냈던 것 같다. 나중에 호주 국내에서의 신청 절차를 모두 마친 뒤 가나에 살고 있는 새 뮤얼 앞으로 국제 우편을 통해 비자 신청에 필요한 서류들이 배송되었다.

새뮤얼은 이 서류와 함께 본인이 준비한 신청 서류를 주가나 호주 대사관에 가져갔고, 그 후 새뮤얼 형제는 이 대사관에서 비자 면접도 보게 되었다.

면접이 끝나자마자 우리 집에 와서 잘될 것 같다며 엄지를 척 하고 올려 보인 새뮤얼의 표정은 마치 꿈속을 걷는 것만 같았다.

하지만 3개월 후 새뮤얼 앞으로 배달된 심사 결과는 잔인하게 도 '비자 불허'였다.

당시 호주는 난민을 받아들이는 데 비교적 너그러운 편이었다. 그럼에도 불허 결과를 받았다는 것은 아마도 새뮤얼을 난민/인도 지원의 구제 대상으로 볼 이유가 빈약했던 것이 아닌지 싶다. 게 다가 내전이 종료되고 이미 몇 년이 지난 라이베리아라는 나라가 또 다시 전란에 휩싸일 가능성이 없고, 숙부가 부모님을 살해했던 사건도 극히 개인적인 사정으로 새뮤얼에 미칠 위험을 증명하기 엔 곤란하다는 사실도 영향을 미쳤을 터였다.

이번 일로 "내 삶에도 볕 들 날이 있을 거야!"라며 앞날에 대한 터질 듯한 희망을 가득 안고 있었던 만큼 그의 실망감은 배우 컸다. 비자 심사 결과를 기다리는 동안 자신만만한 얼굴로 미지의 나라

호주에 대해 나에게 이런저런 것들을 물어보곤 했던 새뮤얼이 바람 빠진 풍선처럼 축 처진 모습을 지켜보자니 너무나도 안쓰러웠다.

* * *

최근 몇 년간 방송에서 크게 보도되었던 아프리카 대륙에서 지중해를 건너는 '난민 보트' 뉴스를 보며 충격을 느낀 사람도 많으리라 생각한다. 조잡하게 만들어진 배에 몸을 맡긴 수많은 사람들이 콩나물시루처럼 빽빽하게 들어찬 채로 목숨을 건 항해 길에 나서는 모습 말이다.

이런 행동을 '미친 짓(crazy)'이라는 한마디로 쉽게 단정지을 수도 있을 것이다. 그러나 그렇게 위험을 무릅쓰고서라도 지금의 앞이 보이지 않는 삶을 어떻게 해서든 타파해 보려는 정신은 누구에게서나 쉽게 볼 수 있있는 게 아니다.

UNHCR 직원, 특히 미국이나 유럽에서 온 직원들의 눈에는 라이베리아 난민이 선진국으로의 이주에 강하게 집착하는 모습이 기이하게 비쳐지는 듯했다. 그들은 때때로 그런 난민들에게 실소를 보내기도 했다.

그러나 인류가 보다 나은 생활과 환경을 찾아 이동을 계속한 것은 역사가 증명하고 있다. 난민 캠프에서의 여러 제약에 가로막힌 불안정한 생활, 미래가 보이지 않는 삶 등을 생각한다면 난민이 재정착을 꿈꾸고 선진국으로 이주하고 싶다고 강렬하게 희망하는 모습은 충분히 이해할 수 있는 일이다.

다시 말한다면 이들은 그만큼 '산다는 것'에 진심으로 임하고 있는 것이다.

5

착한 난민,
나쁜 난민이 따로 있나요

새로운 '가족' 관계

난민이 된다는 건 '상실'과 동시에 '재생' 프로세스기도 하다.

캠프 여기저기에서 혈연 관계를 넘어선 새로운 '가족' 관계가 생겨난다.

다양한 이유로 부모 등 가정을 이루고 보호해 주는 어른들과 떨어져 난민이 된 '미동반 아동(Unaccompanied Minors, 보호자를 잃은 아이들)'이 다른 가정에 '유사 가족'으로 받아들여지는 사례도 다수 볼 수 있다.

그중 한 사례인 27세의 리차드는, 캠프에서 초등학교 선생님으로 일하고 있었다. 나랑 성격이 잘 맞는 난민 중 한 명으로, 캠프에서 조사 중이던 시절에는 자주 그와 점심을 함께 먹곤 했다.

속눈썹이 길고 단정한 얼굴을 한 리차드는 일본 배우인 '미카미 히로시'를 흑인으로 바꾼 것 같은 모습의 잘생긴, 하지만 160센티미터 정도의 키가 매우 콤플렉스인 청년이었다.

리차드의 아버지는 1980~1990년 새뮤얼 도 대통령의 정권하에 라이베리아 내무부의 요직에 올라간 인물이었던 탓에 반란군의 타깃이 되어 가족 모두가 비참하게 죽임을 당했다.

반정부군이 습격했던 당시 마침 외출 중이었던 리차드만이 화를 피해 다른 동네 사람들과 함께 근처의 부두에서 어디로 가는지도 모르는 배에 가까스로 올라탔고, 그렇게 도착한 곳이 가나의 상업 항구가 있는 테마(Tema City)였다. 리차드는 그 후 함께 배에 타고 있던 다른 라이베리아인들과 함께 이틀을 걸어 부두부람 캠프에 도착하는 힘겨운 탈출극을 경험했다. 1996년, 그가 아직 열네 살이던 때의 일이었다. 참고로 1996년은 라이베리아 내전 중에서도 전투가 가장 격화된 때라고 일컬어지는데, 부두부람 캠프에도 그해에 라이베리아를 탈출했다는 난민들이 많았다.

캠프에 도착하고 며칠 후 리차드는 혹시 친척이나 친구가 이 캠프에 오지는 않았는지 이곳저곳을 헤매며 찾아다녔다고 한다.

그때 우연히 만난 사람이 '샌디'였다.

당시 40대 중반이었던 샌디는 새뮤얼 도 정권 시절, 내무부에서 근무했는데 리차드의 아버지와도 함께 일하며 친하게 지냈다고 했다. 리차드가 가족에게 일어난 비극을 이야기하자 샌디는 리차드에게 우선 자신의 집에서 함께 지내자고 했다.

리차드는 그 후 2000년까지 4년간 샌디의 집에서 그의 부인과 세 명의 아이들과 함께 살게 되었다.

리차드에게 샌디는 캠프에서 새로 얻은 '아버지'였다. 리차드를 자기 자식처럼 보살피며 먹이고 입히고 재우는 것에 그치지 않고 캠프에서 중학교에도 진학할 수 있도록 해 주었다.

"샌디 씨가 그래도 경제적으로 꽤 여유가 있었나 봐?"라고 내가 묻자 리차드는 이렇게 대답했다.

"여유가 있었는지는 모르겠지만, 샌디 아저씨네 형이 미국에 있어서 매월 돈을 보내 준다고 들었어."

납득이 갔다. 그런 경제적 뒷받침이 없다면 아무리 옛 동료의 아들이라고 하더라도 흔쾌히 받아들여 보살펴 주기 어려웠을 것이다.

그러나 리차드와 샌디 가족의 '유사 가족' 관계는 2000년에 돌연히 종지부를 찍게 되었다.

"2000년 2월 즈음이었어. 계속 돈을 보내 주던 미국 사는 삼촌(샌디의 형)이 갑자기 돌아가셔서 송금이 끊어졌어. 그때까진 계속 삼촌이 보내 주는 생활비에 의지했는데 순식간에 생활이 어려워진 거야. 캠프에서는 좋은 일거리도 없으니까 샌디 아저씨는 일단 라이베리아에 돌아가서 현지에서 생활이 가능한지 상황을 확인해 보겠다고 하고 가족을 데리고 귀국했어."

"왜 같이 라이베리아로 돌아가지 않았어?"라는 내 질문에 리차드가 답했다.

"샌디 아저씨는 라이베리아 상황을 확인하고 꼭 캠프로 돌아올 테니 잠시만 기다리고 있으라고, 그렇게 말씀하셨어. 그래서 돌아오실 때까지 기다리고 있었는데 결국 오지 않았어."

부두부람 캠프에서는 리차드처럼 *수많은* '*유사 가족*'이 탄생했다.

난민 캠프라는 특수한 환경에서는 직접적인 혈연 관계를 넘어서 개인, 가족 간의 협력과 연대를 다져야만 하는 사정이 있다. 내전으로 조국을 떠나 아는 사람 하나 없는 낯선 땅에서 이런저런 제약을 받으면서 살아가기 위해선 같은 처지에 놓인 사람들끼리 상부상조하는 것이 필수다.

그러나 모든 '유사 가족'이 최종적으로 진짜 가족 관계까지 발전하는 것은 아니다.

리차드는 샌디 가족과의 관계를 돌아보며 "난민 캠프에서의 기간 한정 가족 관계"라고 표현했다. 샌디 가족이 라이베리아로 돌아가면서, 난민 생활을 끝낸 후까지 계속되는 관계까지 발전하지는 못했다는 의미다.

샌디가 어떤 이유로 리차드와의 관계를 끊은 건지 나는 알지 못한다. 고향인 라이베리아로 돌아가 보니 생각했던 것보다 현지 생활이 힘겨워 도저히 리차드까지 돌볼 수 없다고 판단한 것인지도 모른다. 어쩌면 이미 열여덟 살이 된 리차드의 의식주 모두를 돌봐 준다는 것은 샌디 가족에게도 상당한 경제적 부담이어서 관계를 정리할 시기를 엿보고 있었을 수도 있다.

하지만 어떤 이유에서든 4년 동안이나 직장 동료의 자식을 친자식처럼 먹이고 입히며 살뜰히 보살피고 학교까지 보내 준 샌디 씨를 탓할 수는 없을 것이다.

"샌디 아저씨가 원망스럽니?"

내가 묻자 리차드는 전혀 망설이는 기색 없이 대답했다.

"아니 전혀 원망하지 않아. 4년이나 날 돌봐 줬는걸. 너무나도 고마운 분이야."

매춘부끼리의 약속

매춘은 세계에서 가장 오래된 직업이라고 한다. 정확한 규모는 확인하기 어렵지만 약 2만 명이 생활하는 부두부람 난민 캠프에도 수십 명의 매춘 여성이 있다는 사실은 이상할 게 없었다.

조사 기간 중, 몇 명의 매춘 여성을 인터뷰할 기회가 있었다. 그 중 한 명이 '트레이시'였다.

1981년생인 그녀는 조사 당시 27세였는데, 코가 오똑한 미인형 얼굴에 170센티미터를 넘는 큰 키를 갖고 있어 캠프에서도 눈길을 끄는 존재임이 분명했다.

트레이시는 라이베리아 어느 지방의 시골 출신이다. 앞서 만나본 리차드와 마찬가지로 내전이 격화되었던 1996년 라이베리아를 떠나 코트디부아르를 거쳐 부두부람 캠프에 왔다고 했다.

트레이시도 자기가 살던 마을에서 반정부 게릴라군과 라이베리아군 사이의 전투가 벌어져 가족이 뿔뿔이 흩어지게 되었나. 당시 아직 열다섯 살이던 그녀는 혼자 주변의 어른들 뒤를 따라 가나의 부두부람 캠프까지 피신한 것이다.

그녀는 라이베리아에서 어린 시절에 부모님을 여의었고, 나이 차가 많이 나는 언니 두 명이 부모님을 대신하여 돌봐 주었다. 언니들은 근처 호수에서 잡아 온 물고기를 시장에 내다 팔아 생계를 유지했는데, 한 가족이 먹고살기에는 빠듯하여 식사는 하루 한 끼 정도였고, 학비를 마련한다는 것은 생각할 수 없었다.

트레이시가 매춘부 일을 하게 된 계기는 1998년, 그녀가 열일곱 살이던 때에 일어났다.

트레이시는 그 전 해에 당시 캠프에서 사귀던 라이베리아 난민인 남자 친구와의 사이에서 아기를 낳았다. 하지만 그 남자는 전혀 아이를 돌보지 않았고, 어느 날 갑자기 캠프에서 자취를 감추었다.

언니 두 명과도 생이별을 하고, 일자리도 없는 트레이시의 삶은 어린 아기가 더해져 한층 어려워지기만 했다. 그녀가 생계를 유지하기 위해 매춘을 선택하기까지는 그리 오랜 시간이 걸리지 않았다.

트레이시는 당시의 상황을 담담하게 회상했다.

"이 일을 시작한 건 캠프에 와서 2년 정도 지났을 때였나 그래. 그땐 사는 게 너무 힘들었어. 주변에서 매춘으로 먹고사는 여자들이 있어서 그녀들에게 사정을 설명하고 같이 일하게 되었지. 난 학교도 거의 다닌 적이 없고 달리 할 줄 아는 것도 없으니까 돈을 벌려면 '내 몸을 사용해서' 하는 수밖에."

난 트레이시 외에도 매춘부로 일하는 난민을 5~6명 정도 더 인터뷰했는데 모두 찍어 낸 듯 같은 사연을 가진 여성들이었다.

그녀들은 라이베리아의 지방 어느 가난한 동네에서 태어나, 제한적인 교육만을 받았을 뿐이었다. 라이베리아 내전에 말려들어 부모와 헤어지고 고아가 되어 난민 캠프까지 오게 되었다. 겨우 도착한 난민 캠프였지만 먹고살기 위해 어쩔 수 없이 매춘부가 될 수밖에 없었다. 사연은 놀라울 정도로 일치했다.

게다가 내가 인터뷰한 매춘부 여성 모두가 싱글 맘이었다.

접대한 손님의 아이를 임신하게 된 경우도 있었지만, 안정적인 관계를 바라고 사귄 상대와의 사이에서 생긴 아이도 있었다. 출산 후에 그 남자가 도망갔다는 이야기를 몇 번이나 들었는지 모른다. 그렇게 두 명, 세 명의 아이와 함께 남겨진 그녀들은 매춘으로부터 벗어나기가 점점 어려워질 뿐이었다.

캠프에서는 매춘부를 향한 시선이 곱지만은 않다. 대놓고 차별한다고 말하긴 어렵지만, 캠프 주민들이 그녀들과 어울리기를 꺼려하는 듯했다.

어떤 매춘부 여성은 이렇게 자신의 심정을 털어놓았다.

"이웃 사람들은 물론 내가 어떻게 돈을 버는지 알고 있어. '창녀!'라며 시비를 걸어오는 일도 있고……. 하지만 내 아이마저 차별받는 건 견디기 어려워. 우리 집엔 텔레비전이 없으니까 우리 아이가 이웃 친구 집에 텔레비전을 보러 갔는데 (그 아이의 부모에게)

쫓겨났어. 자기 아이가 우리 아이랑 노는 게 싫었나 봐. 그러다 보니 이웃이랑 거의 왕래도 하지 않아."

캠프에서 고립된다는 것은 큰 핸디캡으로 작용한다. 병에 걸리거나 사고를 당하는 등 급한 일이 있을 때 다른 난민의 도움을 받지 못한다는 것은 캠프 생활을 좌우하는 중요한 문제다.

이웃 주민으로부터 환영받지 못하는 매춘부 여성들은 자신들만의 상호 지원 그룹을 만들어 서로 돕고 있었다.

그녀들은 때때로 가나의 수도인 아크라까지 '출장'을 가는데, 대게 1주일 정도를 아크라에서 머물게 된다. 물론 아이들을 데려가는 것은 어렵기 때문에 '출장' 가는 멤버('출장 팀')와 캠프에 남는 멤버('대기 팀')로 나누어 '대기 팀'이 '출장 팀'의 아이들을 돌보는 시스템으로 움직이고 있었다.

'대기 팀'은 그동안 캠프 안에서만 손님을 받는다. 그리고 '출장 팀'이 돌아오면 '대기 팀'을 포함한 멤버 모두의 수입을 합산하여 전 멤버가 균등하게 나누어 갖는다. 그다음 주는 '대기 팀'과 '출장 팀'이 서로 역할을 바꾸어 '대기 팀'이었던 여성들이 '출장 팀'이 되어 아크라로 향하고 '출장 팀'이 이번엔 '대기 팀'이 되어 캠프에서 아이들을 돌보는 역할을 하는 로테이션 형식이라고 한다.

이 상호 지원 그룹은 멤버 간의 유대가 굳건하다. 예를 들어 어느 멤버가 병에 걸린 경우 식사를 나눠 주는 것은 물론, 손님 접대

가 끝난 후 손님이 화대를 지불하지 않으려고 하는 등의 트러블이
생겼을 때에도 멤버 모두 함께 그 남자의 집으로 찾아가 항의하는
등 강력한 결속력으로 서로 의지하고 있다.

제2장에서 소개한 '무법 지대' GAP에 모여드는 군인 출신들
을 지원하는 네트워크나, 매춘부 여성들의 상호 지원 시스템은 캠
프의 커뮤니티에서 소외된 이른바 '왕따'들이 모여서 만든 자신들
의 '안전망'인 것이다. 이곳 역시 조국을 떠나 난민이 된 탓에 커다
란 경제적·사회적인 핸디캡을 짊어져야만 했던 사람들이 쌓아 올
린 새로운 인간관계가 존재하고 있었다.

가나 사람과의 동업

오랜 세월의 캠프 생활을 통해 탄생한 새로운 인간관계가 난민
들 사이에만 존재하는 것은 아니다. 부두부람 캠프의 라이베리아
난민과 캠프 밖 주변 지역에서 살고 있는 가나 사람들이 함께 사
업을 하는 동업 관계도 상당수 생겨났다.

이들의 동업 관계는 의외로 같은 교회에 다니는 신자들 사이에
서 생성된 경우가 많았다.

앞서 설명한 바와 같이 부두부람 캠프에서 생활하는 라이베리

아 난민의 대부분은 크리스천으로, 캠프 내, 그리고 주변에 모두 80개에 가까운 교회가 존재한다. 이 교회 중 일부에는 현지 가나 사람들도 다니고 있다.

난민과 가나 사람의 동업 중 다수가 신앙으로 맺어진 인간관계에서 비롯됐으나, 그 본질은 어디까지나 상업적인 이익 추구를 목적으로 하는 것이었다.

가나 사람은 캠프에서 생활하는 2만 명가량의 난민으로부터 발생하는 수요를 목적으로 했고, 라이베리아 난민은 가나 사람이 제공하는 자본과, 동업을 통해 발생하는 이익의 '콩고물'을 얻는 것이 목적이었다.

이러한 동업이 성공한 대표적인 사례가 바로 캠프 내의 음료수 도매업이었다. 이미 설명한 것처럼 부두부람 캠프에는 상당한 수의 음료수 소매상이 있다. 소매상 난민들은 캠프 내의 도매상으로부터 소독된 물이 들어 있는 비닐팩을 구입하여 판매하는데, 이때 도매업을 운영하는 라이베리아 난민은 극히 소수로 한정되어 있어 조사 당시 캠프에는 3~4명 정도에 지나지 않았다.

음료수 도매업자 중에서 가장 장사가 잘 되던 사람은 30대 중반의 '프린스'라고 하는 라이베리아 난민이었다. 덧붙이자면 '프린스'라는 이름은 라이베리아 남성들에게 흔한 이름으로, 특별히 '왕의 아들'이라는 의미의 '프린스'는 아니다.

이 프린스가 음료수 도매업에 뛰어들게 된 것은 교회에서 알게 된 가나인 음료수 제조업자로부터 동업 제의를 받게 되면서부터였다.

프린스는 그 당시를 떠올리며 자신 있게 이야기했다.

"지금 내가 다니는 교회는 몬로비아(라이베리아의 수도)에도 지부가 있는데, 원래 난 그 지부의 신자였어. 부두부람에 와서 아크라에 있는 그 교회 본부에 갔을 때 가나 사람 업자를 알게 되었지. 그는 음료수 판매 회사 대표였는데 사업을 난민 캠프까지 확장하려 하고 있었어. 캠프에서 음료수를 팔려면 캠프 실정에 밝은 난민을 중개업자로 두는 편이 아무래도 장사하기 편하잖아? 그래서 난 대표님과 바로 의기투합해서 음료수 판매를 시작하게 된 거야."

프린스가 가나 사람과 손을 잡고 음료수 도매업에 나선 것은 2006년이었다. 내가 조사를 실시한 2009년 당시 그의 사업은 캠프 내에서 최대 규모로 성장한 상태였다.

프린스는 이야기를 더 해 주었다.

"캠프 주변에는 가나 사람이 경영하는 대형 음료수 판매업소가 세 곳 있는데, 다들 나 같은 라이베리아 난민 브로커를 통해 캠프에서 음료수를 팔고 있어. 부두부람 캠프는 가나인 판매업자에게 중요한 시장이거든. 이렇게 좁은 지역에 2만 명이나 사람들이 밀집해 생활하는 곳은 고모아 지구에선 여기뿐이야. 한 곳에서 이렇게나 많이 팔 수 있으니 여기저기 물을 배달하러 다니는 것보나 캠프가 수익률이 아주 높은 시장이지."

제3장에서 설명한 것처럼 얼마 안 되는 자본으로 시작할 수 있는 캠프의 음료수 소매업은 과밀 경쟁 상태임이 확연히 드러나 있었다. 소매상 난민은 덤핑까지 하면서 서로 손님을 뺏고 있었고, 이들이 하루에 벌어들이는 이익은 겨우 3,000~4,000원 정도에 지나지 않았다.

한편, 캠프에 몇 안 되는 음료수 도매업자 난민들은 거의 독점 상태로 상당한 수익을 올리고 있었다.

프린스의 말에 따르면, 기온이 높아지는 건기에는 250밀리리터 음료수 팩 30개들이 쌕(sack)이 하루에 500개는 팔리는 모양이었다. 쌕이 한 개 팔릴 때마다 프린스에게는 약 10페세와(약 80원)의 마진이 손에 들어온다. 하루 500쌕을 판다면 4만 원 상당의 이윤이 남는 것이다.

매일 몇 시간이고 내리쬐는 햇빛을 머리 위에 이고 걸어 다니며 겨우 몇 천 원의 수익을 올리는 게 다인 음료수 소매상들과는 상당히 다른 모습이다.

프린스의 사업은 탄탄대로였고, 2009년 8월에는 음료수 판매로 얻은 이익을 자본으로 캠프에서 쌀, 통조림, 조미료, 문방구, 비누 등을 취급하는 잡화점을 새로이 오픈하기에 이르렀다.

룸펜의 근면한 생활

매달 해외에서 수백 달러의 송금을 받을 수 있다면 캠프에서는 상당히 '넉넉하게' 생활할 수 있다. 빈곤층 난민 중에는 이런 송금 수익자와 '절친'이 되기 위해 의도적으로 인간관계를 구축하는 사람도 적지 않다.

마흔 살이 된 '마틴'도 그런 사람 중 하나다.

마틴은 속된 말로 부르자면 '룸펜'이다.

4분의 1은 백인의 피를 이어받은 마틴의 피부는 갈색으로, 몸단장에 열심이다. 트레이드마크인 민머리를 매일 정성스럽게 삭발하고 수염을 정돈한다. 결코 한눈에 들어오는 미남까지는 아니지만 말재주가 좋고 즐거운 농담으로 주변 사람을 웃게 만드는 재주가 있다. 항상 기분이 좋고 밝은 분위기인 사람이다.

아마도 캠프의 여성들은 마틴의 겉모습보다는 그의 이런 모습에 끌리는 듯했다.

마틴은 독신남이지만 캠프에서 '마리아'와 '레이첼'이라는 두 명의 여자 친구가 있었는데 두 명 모두 해외에서 송금을 받는 수익자들이었다.

월요일은 마리아, 화요일은 레이첼, 수요일은 마리아, 목요일은 레이첼, 이런 식으로 마틴은 격일제로 이 두 여성 사이를 오고 갔다.

매일 여자 친구 집에서 식사를 했고, 때로는 해외에서 그녀들에게 온 돈에서 용돈을 받았다.

마틴 자신은 아무런 일도 하지 않았다.

그는 마리아와 레이첼을 상대로 한 이런 생활을 2년 가까이 계속해 오고 있었다.

철두철미한 마틴은 혹시 모를 위험에 대비해 '리스크 헤지'에도 여념이 없었다.

난민은 재정착이나 자발적 귀환 등으로 언제 캠프를 떠날지 모르는 처지다. 사실 마리아는 미국으로 이주 수속을 밟고 있는 중이었는데, 빠르면 1년 후에는 부두부람 캠프를 떠나 미국에 떠날 예정이었다. 이런 때를 대비하여 마틴은 항상 자신의 네트워크를 확장하는 데 시간을 쏟았다.

캠프에 있는 교회 두 곳을 오가며 다른 캠프 주민과 네트워크를 넓히는 것은 물론, 캠프 주변의 가나인 커뮤니티에서 벌어지는 행사나 이벤트에 필히 출석하는 것도 모자라 가나 보이스카웃에도 가입하여 캠프 밖에서도 적극적으로 인맥을 넓혀 나갔다. 확고한 의지를 갖고 인간관계를 확충하는 모습은 어딘가 시원시원해 보이기까지 했다.

인싸 vs 아싸 – 해외 송금을 둘러싼 관계

해외에서 송금을 받으니까 만사 오케이냐고 한다면, 꼭 그렇지만도 않은 것이 캠프의 생활이다.

정기적으로 해외 송금을 받는 난민들은 또 그들만의 사정을 안고 있었다. 그들은 혈연관계도 없는 캠프 난민 중 누군가를 지원하고 있는 경우가 많았다.

'빅토리아'는 2009년 당시 막 서른 살이 된 여성으로, 캠프 생활이 벌써 9년 차라고 했다. 부두부람 캠프에서 만난 '패트릭'이라는 남성과 결혼했으나 패트릭은 2005년에 혼자 재정착으로 노르웨이에 이주했다.

일이 이렇게 된 데는 패트릭과 빅토리아가 가나 당국에 혼인 신고를 하지 않아 이 두 사람의 혼인 관계를 증명할 수 있는 정식 서류가 미비했기 때문이었다. 그런 탓에 빅토리아는 패트릭의 배우자로 노르웨이에 함께 갈 수 없었던 것이었다.

조사 당시 빅토리아는 패트릭과의 사이에서 얻은 외동딸 '애나'와 캠프에서 생활하고 있었다. 빅토리아의 집에는 그 외에도 서른세 살이 된 '에리카'와 그녀의 아이들도 동거 중이었다.

에리카는 패트릭과 같은 동네에서 니고 자란 소꿉친구로, 패트릭과는 어린 시절부터 가족끼리도 친하게 지냈다고 했다.

여덟 살에서 열두 살까지 세 명의 아이들이 있는 에리카는 라이베리아 내전으로 남편을 여의고 미망인이 되어 부두부람 캠프에 왔다. 당시 오렌지나 파인애플 등 조각 과일 행상에서 벌어들이는 푼돈으로 생계를 유지하던 이 가족의 생활 수준은 캠프 주민 중에서도 가장 낮은 레벨이었다.

에리카와 세 명의 아이들에게 동거를 제시한 사람은 이미 노르웨이로 이주한 패트릭이었지만 남편의 소꿉친구인 에리카 가족의 딱한 생활 사정을 알고 있던 빅토리아도 별말 없이 찬성해 주었다.

노르웨이로 이주 후 호텔 종업원으로 일하게 된 패트릭이 보내주는 생활비는 매월 100달러가량으로, 빅토리아는 이 돈으로 자신과 딸 애나, 그리고 에리카 가족의 생활을 돌보았다.

매일 식사를 준비하는 것은 에리카의 몫이지만 식재료를 구입하는 비용은 모두 빅토리아가 지불했다. 그 외에도 식수, 비누, 숯(연료), 화장실 휴지 등 생활용품도 빅토리아가 구입했다.

매월 100달러의 생활비를 송금 받는다고는 하지만 여섯 식구의 생계를 꾸려 나가기에는 녹록지 않을 터였다. 어째서 넉넉지 않은 자신의 사정에도 피 한 방울 섞이지 않은 '지인'을 도와주고 있는 걸까?

빅토리아에게 이 질문을 던져 보았지만 "그래도 힘들어하는 사람을 못 본 체 할 수는 없잖아?" 하는 교과서 같은 답이 돌아올 뿐이었다. 하지만 차차 그녀의 진심을 이해할 수 있게 되었다.

캠프에는 '있는 사람이 없는 사람을 돕는 것은 당연한 일'이라는 암묵의 룰이 있었다.

"캠프에서는 송금을 받는 사람이 받은 돈을 독차지하는 것은 솔직히 매우 어려워. 이웃 사람들과 친구들은 패트릭이 재정착으로 선진국에 가서 나에게 생활비를 보내 주고 있다는 사실을 알고 있거든. 나에게 도와줬으면 하니까 부담이 되긴 해."

"부담?"

"그래, 전에도 에리카가 '아이들 학용품을 사야 하는데 돈을 좀 빌려주면 안 될까?' 하고 물어 온 일이 있는데 마침 그 달은 나도 생활비가 빠듯해서 거절했거든. 그랬더니 그다음 달부터는 나를 모른 척하더라니까! 게다가 줄곧 우리 애나랑 잘 지내던 에리카네 아이들도 더 이상 애나와 놀아 주지 않더라고. 그 전까진 항상 이 넷이 함께 놀았는데 말이야. 결국 돈을 마련해 줄 수밖에 없었어."

아하! '가진 자'가 '가지지 못한 자'의 기대를 저버리면 따돌림이나 조리돌림, 뒷담화 같이 '약한 자들의 무기'에 의한 복수가 따르는 것이었다. 송금 수익자와 '개평'을 얻어 사는 사람들 간의 힘의 논리를 살펴보면 전자가 우위에 서는 것은 틀림없는 사실이지만, 후자가 항상 약한 입장에서 그저 주어지는 것에만 만족하는 것은 아니었다.

캠프에서 생겨난 송금을 둘러싼 인간관계의 배후에는 이러한 복잡미묘한 힘의 논리가 작용하고 있었다.

서로 돕거나, 함께 망하거나 – 빈곤층 간의 관계

캠프 주민들 간의 상호 원조는 해외로부터 받는 송금과는 전혀 인연이 없는 빈곤층들 사이에서 발생한다. 하지만 푼돈으로 겨우 겨우 살아가는 난민들끼리 서로 돕는다는 것은 경우에 따라 서로에게 큰 부담으로 돌아오게 되어 결국 서로의 인간관계에도 영향을 끼친다.

대서양을 바라보는 라이베리아의 어느 한 마을에서 1975년에 태어난 케빈은 2009년 당시 34세로, 조사 기간 중 연구 보조원으로 유형무형으로 나를 도와주었다. 불행히도 라이베리아 내전 중 가족을 잃은 케빈은, 캠프에서 만난 '사만다'와 결혼하여 슬하에 다섯 살 딸이 있었다.

케빈은 난민 여성 중 가정 폭력이나 성적 학대 피해자를 지원하는 NGO에서 일하고 있었는데, 피해자를 위해 매일 말 그대로 캠프 이곳저곳을 바삐 뛰어다녔다. '근성' 있는 남자인 케빈은 NGO로 몸을 피해 온 피해자의 남편이나 애인을 어르고 달래고, 상대방이 폭력을 휘두를 때는 역시 힘으로 맞섰다.

책임감이 강하고 올곧은 성격의 케빈은, NGO에 도움을 청하는 여성들은 물론, 다른 캠프의 주민들로부터도 신망받는 존재였다.

나는 조사 기간 중 수차례 케빈의 집을 방문했는데, 그때마다라고 해도 좋을 정도로 어네스티네 가족이 와 있는 모습을 보았다. 나중에 알게 된 일이지만, 어네스티는 케빈이 일하고 있는 NGO를 찾아온 피해자 중 한 명이었는데, 케빈의 부인인 사만다와도 소꿉친구로 이 둘은 친자매같이 지내는 사이였다.

제3장에서 이야기했지만, 홀몸으로 다섯 명의 아이를 돌보는 어네스티는 하루하루 끼니를 걱정해야 하는 정도로 가난에 시달리고 있었다. 그 사정을 잘 알고 있는 케빈과 사만다는 매일같이 어느 정도의 먹을 것과 마실 물을 어네스티와 아이들에게 나눠 주고 있었다. 케빈과 사만다에게도 꽤 부담이 되는 일이었을 것이다.

고결한 성품을 지닌 케빈은 결코 약한 속내를 보이지 않았지만, 캠프의 술집에서 함께 맥주를 마시던 어느 날, 흠뻑 취한 그가 속마음을 털어놓은 일이 있었다.

"어네스티 가족에게는 힘닿는 한 도와주려고 해. 먹을 것과 마실 것뿐 아니라 필요할 때는 약간의 금전도 도와주고 있고……. 하지만 지금 내 월급으로는 솔직히 너무 힘들어. 언제까지 이런 생활로 버틸 수 있을지……."

그때 당시 케빈의 월급은 60세디(약 48,000원)였고, 사만다가 때때로 다른 난민이 운영하는 헌 옷 가게 일을 도와주며 얻는 수입이 월 10세디(약 8,000원) 정도였다. 이 두 명의 수입을 합해도 월 56,000원 정도라는 이야기다. 이 돈으로 케빈 가족은 물론 어네스티와 다섯 아이들까지 돌보기 위해서는 허리띠를 졸라맬 수밖에 없었다.

어네스티도 자기 가족이 케빈과 사만다에게 짐이 된다는 사실을 너무나도 잘 알고 있었기에 깊은 죄책감을 갖고 있었다.

"우리 가족이 케빈과 사만다에게 정말 큰 폐를 끼치고 있다는 건 너무 잘 알고 있어. 근래 1~2년 동안은 매일같이 먹을 것을 나눠 주고 있고……. 정말 미안해서 몸 둘 바를 모르겠지만, 달리 방법이 없으니 어떻게 하겠어……."

난민을 지원하는 기관의 스태프와 몇몇 연구원들은 캠프에서 빈번히 목격하는 난민들 간의 '상호 원조'를 이들의 연대감과 결속력의 상징으로 찬양하는 경향이 있다. 확실히 공여국에서 인도적 지원이 격감하는 속에 난민의 '서로 돕는 정신'이 부두부람 캠프를 떠받치고 있다는 것은 부정할 수 없는 사실이다.

그러나 케빈의 집에 매일 찾아오는 어네스티와 아이들을 지켜보는 나로서는 그저 멀리서 '서로 돕는 정신'을 찬양하고 있을 수만은 없었다.

자신의 처지도 곤궁한데 더 힘든 동포의 처지를 도우려는 케빈과 사만다의 자기희생 정신은 그저 훌륭하다고밖에 달리 할 말이 없었다.

하지만 한편으로는, 이런 상황이 이 두 가족 모두가 곤경에 처하게 되는 결과를 낳지 않을까, 힘겨워하는 이웃을 위해 내가 먹을 것 입을 것을 줄여 가며 돕는다는 것이 진정으로 난민들이 맡아야 하는 역할일까, 빈곤에 허덕이는 난민을 지원하는 입장인 원조 기관이 캠프에서 결코 넉넉하다고 할 수 없는 난민의 선의에 기댄다는 것은 어딘가 잘못된 것이 아닐까, 하는 생각을 지울 수 없었다.

* * *

해외에서 송금을 받는 수익자 몇몇을 제하면 부두부람 캠프에서 생활하는 난민들의 생활은 결코 녹록지 않다. 특히 빈곤층에게는 끼니를 때울 수 있을지 없을지를 다투는 나날이 이어진다.

피눈물 나게 노력하는데도 어째서 우리 삶이 좋아질 기미가 보이질 않는 걸까 하는 이들의 소박한 의문은, 다음 장에서 설명하게 될, 캠프에서 지도자적 위치에 있는 난민의 대표자들에 대한 불만과 불신으로 이어져, 결국 난민들 간의 정치적 대립으로 커져 가게 된다.

6

난민의 정치 활동은 불법?

"그자들은 갈아 치워야 해."

지금까지는 주로 내 연구 주제였던 경제 활동의 시점에서 난민 캠프의 일상을 살펴보았는데, 조금 시점을 바꿔 보겠다. 난민 캠프에도 정치 활동이 있을까?

결론부터 얘기하자면 '있다'. 그것도 상당히 치열한 정치가 그곳에 있었다.

나는 난민들을 인터뷰할 때 상대방의 긴장을 풀어 주기 위해 먼저 별 의미 없는 대화부터 시작한다. 이때 다음과 같은 패턴이 자주 전개된다.

"요즘 캠프 생활은 어때? 잘 지내고 있어?"

"안 좋아, 엄청 안 좋아. 캠프에서 산다는 게 보통 힘든 게 아냐."

"뭐가 가장 힘들어?"

"다 힘들어! 돈벌이가 되는 일은 없지, 재정착 기회는 줄어들기만 하지, 화장실이나 하수도 상태는 끔찍하지……. 게다가 UNHCR은 뭐 해 주는 것도 없어. 그리고 보니, 캠프에서 물이랑 화장실 쓰는 데 돈 내는 거 알고 있어?"

"응, 알고 있어. 캠프 상황이 왜 이렇게 끔찍한 거야?"

"그건 리더들이 아무것도 하지 않으니까! 그자들을 갈아 치우지 않으면 캠프는 좋아질 수가 없어."

캠프의 리더? 누굴 얘기하는 거지? 같은 동포이며 자신들을 대표하는 사람에게 상당한 불만을 갖고 있는 듯 보였다.

경제와 정치는 본래 밀접한 관계에 있다. 나는 난민의 경제 활동에 대해 조사를 진행하는 동시에 부두부람 캠프의 리더십과 관리 시스템에도 주목하기 시작했다.

이때 점차 눈에 들어온 것이 내가 캠프에서 조사를 시작하기 전부터 반복되어 온 난민들 간의 복잡한 정치적 대립이었다.

난민은 정치에 참여해도 되는 걸까?

물론이다. 난민의 정치적 권리는 '난민의 지위에 관한 협약' 및 각종 인권 조약에 규정되어 있다.

그러나 현실에서는 전 세계 난민 수용국 대부분이 난민의 정치 활동을 큰 폭으로 제한하고 있다.

외국인인 난민에게 수용국에서의 투표권이 부여되지 않는 것을 이해하지 못하는 것은 아니나, 난민 캠프 내에서마저 일체의 정치 활동을 금지하는 것은 무슨 이유에서일까?

이는 많은 난민이 정치적인 박해나 민족 분쟁을 피해 자국을 떠나야만 했다는 사실과 깊은 관련이 있다.

특히, 특정 민족이나 씨족과 정당이 밀접하게 얽힌 아프리카에서는 종종 '정치' 그 자체가 대립의 불씨가 된다. 그 때문에 난민들이 수용국 내에서 정치 활동에 관여하게 되면 캠프 안팎에서 문제나 폭동을 촉발하게 될지도 모른다고 우려하는 정부가 많다.

원조 기관 또한 난민이 공연히 정치 활동에 관여하는 것을 환영하는 입장은 아니다. 인도적 지원의 대상인 난민이 어디까지나 '순수한 피해자'여야 하는데, 난민들이 자신이 난민이 된 원인 중 하나인 '비열한 정치'에 발을 들인다는 것은 난민 지원 기관의 입장에서도 바람직하지만은 않은 것이었다.

가나 정부 또한 부두부람 캠프 내의 난민에 대해 일체의 정치 활동을 금지해 왔다. 제2장에서 설명한 바와 같이 이 캠프에는 가나 난민국(GRB)이 파견한 캠프 매니저와, 그를 보좌하는 관리팀 아래 라이베리아 난민 대표들로 구성된 라이베리아난민복지협회(LRWC)가 설치되어, 캠프의 총괄 관리와 관련해 중요한 역할을 담당하고 있다.

부두부람에서 '캠프 리더'라고 하면 통상 이 LRWC를 가리킨다.

한때 LRWC의 대표인 회장을 선출하기 위해 민주적 선거가 실시되고, 캠프에서 생활하는 난민이라면 누구나 입후보가 가능했지만, 본국인 라이베리아의 내전이 격화된 1996년에 가나 정부가 선거를 폐지했다. 그 후 가나인 캠프 매니저가 LRWC의 회장을 지명하는 것이 관례가 되었다.

이때 지명을 받은 회장이 자신을 보좌할 부회장 두 명과 여덟 명의 멤버(집행위원회) 리스트를 캠프 매니저에게 제출하여 가나 난민국의 승인을 얻는, 민주주의와는 꽤 거리가 있는 시스템을 채택하고 있었다.

"왜 캠프에서 선거가 폐지된 거야?"라고 묻는 나에게 캠프 매니저인 아푼은 자랑스럽게 대답했다.

"라이베리아 내전이 민족 간 대립에서 일어났다는 건 알고 있지? 지금이야 큰 싸움은 줄어들었지만 물밑에서는 여전히 서로 적대감을 갖고 있는 민족들이 있어. 만약에 캠프에서 선거를 치르게 된다면 각 민족이 서로 자기네 대표를 세워 다툼이 벌어질 거야. 그러면 충돌이 일어날 게 뻔해."

난민들은 가나인 캠프 매니저가 라이베리아 난민의 대표인 LRWC 회장을 지명하는 이 제도에 강하게 반발하고 있었다.

지난 몇 년간 LRWC 회장은 자연스럽게 가나 정부나 캠프 매니저가 다루기 쉬운 인물로 선발되어 왔고, 그 결과 LRWC의 상층부와 캠프 매니저 사이에 서서히 친밀 관계가 형성되기에 이르렀다.

'독재자'와 '하수인'

부두부람 캠프의 독재자. 난민들은 캠프 매니저를 가리켜 종종이렇게 표현했다. 가나 내무부에서 파견된 정부 고관이기도 한 그는 캠프 권력 구조의 정점에 위치하는 인물이었다. 그의 말과 지시는 그대로 캠프에서 엄수해야 하는 법률이 되며, 이를 어기는 자에게는 엄중한 처분이 내려지는 체계가 이루어져 있었다.

많은 난민들이 이 매니저가 얼마나 횡포한지를 나에게 하소연하곤 했다.

그중 한 명이 내 룸메이트 팬튼이었다. 앞서 이야기한 것처럼 그는 캠프에서 생활하는 난민의 교육을 강화하기 위해 독자적으로 만든 학원을 운영하고 있었다.

팬튼이 '난민과 인권'이라는 테마로 원데이 세미나를 기획한 일이 있는데, 행사 직전에 캠프 매니저로부터 간섭이 있었고, 그 행사는 결국 중단되었다고 했다. 언제나 온화한 팬튼으로는 드물게 강한 어조로 그 당시의 일을 설명했다.

"이 행사는 순수하게 난민의 지식 향상을 위한 것이었어. 그런데 매니저가 어디서 소문을 듣고 와서는 날 자신의 사무소로 불렀어. 행사의 상세 내용을 말하라고 해서 설명했는데, 이런 정치적인 활동은 필히 캠프 매니저의 사전 허가를 얻어야 하기 때문에 다음으로 연기하라고 그러더라니까! 인권에 관한 세미나가 어째서 정치적인 활동이 되는 건지 도저히 이해할 수 없어."

캠프 매니저의 전제적인 행동에 분노하는 난민도 많았지만, 난민을 대표하는 기관인 LRWC에 대한 평가는 훨씬 신랄했다.

'가나 정부의 앞잡이', '캠프 매니저의 하수인' 이는 난민들이 LRWC를 비판할 때 쓰는 상용구다.

LRWC 사무실에 붙어 있는 포스터에 의하면, 이 대표 기관의 사명은 '캠프에 머무는 난민의 복지와 권리 향상'이다.

따라서 원래 LRWC는 가나 정부가 난민의 권리와 자치를 억압하려 한다면 이에 대립하는 관계에 위치해야 한다. 그런데 이 LRWC의 대표를 캠프 매니저가 지명하는 시스템이 채택되면서, 이 난민 대표 기관으로의 성격이 서서히 변질된 것이다. 근래에 와서는 캠프 매니저와 LRWC가 대립 관계는 고사하고 '다정다감한 관계'가 되었다며 지적하는 난민들이 많았다.

"지금의 LRWC는 같은 동포인 캠프 주민보다 가나인 매니저에게 충성을 바치는 녀석들뿐이야. 난 그런 배신자들을 우리의 대표라고 절대로 인정할 수 없어."

이렇게 불쾌함을 감추지 않는 난민들이 적지 않았다.

LRWC의 집행위원회 8인 중 한 명이었던 팬튼의 오랜 친구 '마이클'은 캠프에 있는 '의견함'이 LRWC의 멤버에 의해 어떻게 무력화되었는지를 알려 주었다.

의견함은 캠프의 진정 제도로 거주 구역(zone)마다 설치되어 있는데, 캠프에서 생활하는 난민이 생활상의 문제점이나 개선을 바라는 점을 적어 넣도록 되어 있다. 거주 구역의 대표자(LRWC의 하위 멤버)는 이렇게 모인 의견지를 추려 LRWC 상층부에 제출하

고, 상층부의 '심사' 후 캠프 매니저를 통해 가나 정부와 UNHCR
에 보고되는, 상당히 복잡한 절차를 요하는 형식으로 되어 있다.

마이클의 말에 의하면 이렇게 수집된 진정서는 회장과 부회장
끼리만 '심사'하여 UNHCR과 가나 난민국에 보고하기에 그들
이 '적절'하다고 판단한 것만 캠프 매니저에게 전달된다고 했다.

이 LRWC의 내부 심사 단계에서 가나 정부와 UNHCR에 '쓴
소리'가 될 만한 진정서는 거의 '부적절'하다고 여겨져 각하되는
게 확실했다.

정의감에 불타는 마이클은 이 제도에 몇 번이고 불만 의견을 내
었지만 회장과 LRWC에게 무시당했다고 했다.

나 또한 LRWC 상층부의 '자가 정화 시스템'을 조사 기간 중
목격한 일이 있었다.

2009년 6월, 당시 LRWC의 산보라 회장이 하위 멤버를 포함
한 모두에게 긴급회의를 개최하니 지금 바로 사무소에 집합하도
록 방송했던 때의 일이었다.(긴급 정보는 캠프에 설치된 여러 대의 스피
커를 통해 난민에게 전달된다.)

그날 마침 산보라 회장을 인터뷰했던 나는 그의 허락을 얻어 이
긴급회의에 옵저버로 출석할 수 있었다.

긴급회의가 소집된 것은, 다음 주 캠프에 방문하는 미국 교회 사
절단과의 미팅에 출석할 사람을 정하기 위해서였디. 이 사절딘은
부두부람 캠프에 방문하여 난민으로부터 직접 이야기를 듣고 싶

다고 요청해 왔고, 캠프 매니저가 이때 출석할 난민을 선정하도록 LRWC에 긴급 의뢰한 것이었다.

약 30명이 출석하여 두 시간에 걸쳐 열린 긴급회의에서 회장을 포함한 LRWC의 상층부 멤버는 "이번 사절단과의 미팅에서는 '적절한 문제'에 한해서 얘기하도록 신경 써야 한다."고 몇 번이고 강조했다.

출석자 중 한 명이 "악화하는 캠프의 생활 수준에 대해 이야기해도 되는가?"라고 발언하자, 부회장 중 한 명이 바로 "그런 내용은 부적절하다."며 각하했다. 긴급회의의 후반은 산보라 회장의 독무대였다. 그는 "우리는 수용국인 가나 정부와 UNHCR에 감사하는 마음을 잊어서는 안 돼. 우리는 20년 가까이 이곳에서 신세를 지고 있는데, 그 은혜를 원수로 갚는 일이 벌어져서는 절대로 안 돼!" 하며 역설했다. 결국 이 교회 사절단과의 미팅에는 회장, 부회장과 집행위원회 멤버만 출석했다고 나중에 전해 들었다.

횡령 의혹

캠프 매니저와 LRWC의 상층부에는 횡령이나 부정 축재의 소문이 끊이지 않았다.

앞서 말한 것처럼 캠프에서는 수도와 공중화장실 사용료를 지불해야 했다. 캠프 주민들에게 징수한 이 사용료는 LRWC의 창고에 수금되어 수도랑 화장실 관리에 사용되어야 하지만, 수도관이 파손된 채 장기간 방치되어 있기도 하고, 몇몇 공중화장실은 장기간 정화 처리가 이루어지지 않기도 했다. 이러한 상황을 목격하면서 많은 난민들은 자신이 낸 사용료가 LRWC와 캠프 매니저의 주머니에 들어가는 것은 아닌지 의구심을 품게 되었다.

또한, LRWC는 캠프 청소 작업과 쓰레기 수거 비용 등에 충당하려는 목적으로 UNHCR로부터 매달 일정 액수의 현금을 운영비 성격으로 지급받고 있었는데, 이 자금의 구체적인 사용 내역은 캠프 주민에게 일절 공개하지 않고 있었다.

어느 나라나 어느 지자체에 가더라도 비슷하겠지만, 정보 공개의 결여는 행정 기관에의 불신으로 이어지기 마련이다. 이런 논리는 난민 캠프에서도 별반 다르지 않다.

LRWC와 몇몇 NGO의 유착을 지적하는 목소리도 많았다.

별로 알려지지 않은 일이지만 UNHCR 등 UN 기관은 파트너십 계약을 맺은 NGO에 원조 프로그램 실행과 운영을 위탁하는 것이 일반적이다. 이러한 원조 프로그램 사업을 따내는 것은 해당 NGO의 가장 큰 수입원이 된다.

부두부람 캠프에는 난민들이 자체적으로 설립한 NGO가 50개 이상 있는데, 오랜 기간 동안 UNHCR의 원조 프로그램 실행을 대행하고 있었다. 캠프의 상황을 잘 이해하지 못한 UNHCR은 프로그램 실행을 위탁할 NGO를 선정할 때, LRWC로부터 적합한 NGO를 '추천'받는 형식을 취하고 있었다. 그러나 이 추천 제도의 불투명함이 난민들 사이에서 비난의 표적이 되었던 것이다.

어떤 난민 NGO의 대표는 분노를 누르며 말했다.

"LRWC는 자기네들과 '친한' 사람들이 운영하는 몇몇 NGO만 골라서 UNHCR에 추천해. 그래서 위탁 계약을 따낼 수 있는 단체는 항상 거기서 거기야. 혜택을 받은 NGO는 LRWC 상층부에 보답을 할 게 뻔하잖아. 더러운 녀석들이라고."

어느 날, 난 산보라 회장에게 캠프 주민들이 갖고 있는 LRWC에 대한 불신감에 대해 물어보았다. 산보라 회장은 40대 후반 정도의 남성으로, 라이베리아 국립대를 졸업한 엘리트였다. 라이베리아 내전이 발발하기 전에는 고등학교에서 지리와 역사를 가르치고 있었다고 했다. 라이베리아 억양이 적은 유창한 영어를 구사하는 몇 안 되는 인물이었는데, 자신의 속내를 잘 내비치지 않는 주의 깊은 성격이었다.

난 솔직하게 말을 꺼냈다.

"캠프 난민들에게 들었는데, LRWC에는 용처가 불분명한 돈이 많아서 횡령을 의심하는 목소리도 있습니다. 회장으로서 이런 의혹에 대해 어떻게 생각하십니까?"

잠시 그의 얼굴이 어두워졌지만, 그는 언제 그랬냐는 듯 평온한 얼굴로 돌아와 담담히 답했다.

"제대로 된 증거 하나 없이 우리를 비판하는 자들이 캠프에 있다는 사실은 잘 알고 있습니다. 우리 LRWC는 활동 비용을 캠프 매니저를 통해 UNHCR과 가나 난민국에 정기적으로 보고하는 체계입니다. 횡령은 불가능한 일입니다."

"네, 하지만 몇몇 난민들은 캠프 매니저도 이런 횡령에 가담했다고 의심하고 있습니다."

"만약 이 자리에 캠프 매니저가 함께 계셔서 지금 하신 말씀을 들었다면 당신은 더 이상 이 캠프에 머물 수 없을 겁니다. 나오 씨, 당신은 연구를 위해 캠프에 머물고 있지요? 그렇다면 저널리스트 같은 놀이는 그만두고 본업인 조사 활동에 집중하세요."

"저의 조사는 난민들의 캠프 생활입니다. 그러니 이러한 조사도 넓은 의미에서 본다면 연구의 일환이죠."

"알겠습니다. 한 가지만 말해 둡시다. 이 캠프에는 LRWC에 반기를 드는 '자칭 리더'들이 여럿 있습니다. 그들은 증거의 유무와는 상관없이 우리에 대한 네거티브 정보를 퍼뜨려 LRWC의 권한을 실추시키려고 하는 겁니다. 이런 자들이 흘리고 다니는 소문에 귀를 기울이면 안 됩니다. 당신도 이용당할 뿐이에요. 그럼 다음 일정이 있어서, 이만 이쯤에서 인터뷰를 마치도록 합시다."

산보라 회장의 마지막 말에서 그가 당황했음이 확연히 느껴졌다.

확실히 그가 말한 대로 LRWC의 비리, 횡령에 대한 명확한 증거는 없다. 단지 재정 정보를 일절 공개하지 않는 비밀주의와 캠프 공공시설의 열악한 관리 상태를 목격하면서 난민들로부터 이러한 의혹이 제기되는 것도 당연하다고 생각했을 뿐이다.

산보라 회장의 손목에 값비싸 보이는 금시계와 팔찌가 빛나고 있었다. 빳빳하게 풀 먹여 다려진 셔츠와 줄 잡힌 바지, 언제나 옆구리에 끼고 있는 노트북과 다양한 기능이 있는 최신 핸드폰 등 물질적으로 풍요로운 그의 모습을 보고 있자니 '그런데 회장도 해외 송금을 받는 수익자였나? 아니면……?' 하는 생각이 들지 않을 수가 없었다.

"우리 크란족이야말로 캠프 대표로 마땅하지."

내전으로 인해 난민이 된 사람들을 수용하는 난민 캠프의 큰 문제점 중 하나는, 본국에서 대립하던 그룹이 같은 장소에서 공동생활을 해야 한다는 점이다.

라이베리아 내전은 아메리코 라이베리안이라는 지배 계층에 대해, 원주민인 크란족 출신 군인 새뮤얼 도(후일 대통령이 됨)가 무장봉기를 하면서 시작되었다. 그 후 14년에 걸쳐 내전이 벌어졌고, 민족적 동일성을 기반으로 하는 많은 군벌이 등장하여 처참한 전투가 계속되었다. 2003년 내전 종식 후에도 이 민족 간 앙금은 완전히 해소되지 못했고, 때때로 이 분쟁의 망령이 떠돌며 부두부람 캠프의 정치 역학에 영향을 주고 있었다.

라이베리아 국내에는 적어도 16개의 민족이 있다고 하는데, 부두부람 캠프에는 이 16개 민족 거의 모두가 '동거'하고 있었다. 그중에서도 새뮤얼 도 전 대통령의 출신 민족이며 내전의 중심적인 존재 중 하나였던 크란족이 캠프 인구의 30% 이상을 차지하며 주류를 이루고 있었다.

캠프에서 생활하는 크란족을 대표하는 조직이 '그랜드제데 카운티(Grande Gedeh County) 난민협회'다. 라이베리아는 모두 15개의 카운티(county)로 이루어져 있는데, 대부분의 카운티에는 각각 지배적 위치에 있는 민족이 있다. 그랜드제데 카운티는 새뮤얼 도 전 대통령의 고향으로, 크란족이 카운티 인구의 절대다수를 차지하고 있었다.

'그랜드제데 카운티 난민협회'는 라이베리아 내전이 한창이던 1995년에 부두부람 캠프로 피난해 온 새뮤얼 도 전 대통령의 친위대 중 한 명이 다른 민족으로부터 캠프 내 크란족의 안전을 지키기 위해 만들었다.

크란족은 본래 상당히 결속력이 강하다고 알려져 있는데, 새뮤얼 도 전 대통령이 재임 중에 크란족 출신을 중용하는 등 노골적으로 연고에 바탕을 둔 정치를 한 것으로도 유명하다. 2009년 당시에도 이 협회는 4,000명이 넘는 규모의 등록 회원 수를 자랑했는데, 캠프에서는 그 수와 결속력으로 다른 카운티의 대표 단체를 압도하고 있었다.

크란족 출신들은 가나 정부가 캠프 대표인 LRWC 회장을 선정하는 현행 시스템에 대해 상당히 강한 불만을 가지고 있었다.

그들의 주장은 간단했다. '캠프에서 가장 인구가 많은 크란족이 응당 LRWC의 회장을 맡아야 한다'라는 다수결의 법칙이었다. '그랜드제데 카운티 난민협회'의 주요 멤버 중 한 명인 '토마스'는 이렇게 말했다.

"캠프 인구 대부분이 크란족이니까 LRWC 대표도 당연히 우리 중에서 선출되어야 해. 지금 회장인 산보라는 라이베리아 서부의 소수 민족 출신이야. 지금 우리가 안고 있는 문제를 그 사람은 이해하지 못해. 게다가 그 녀석들은 썩을 대로 썩었잖아."

토마스에 의하면, 캠프 매니저가 LRWC 회장으로 크란족을 지명한 일은 지금까지 단 한 번도 없었고, 여덟 명의 집행위원회 멤버에도 선출된 일이 거의 없었다고 한다. 대놓고 '크란족 차별'이 벌어지고 있다는 것이다.

캠프에서 생활하는 많은 난민들이 캠프 운영 시스템에 대해 오랜 세월 품어 온 불신과 불안은 이후 LRWC에 대한 대항 세력의 형성으로 이어졌다. 대규모 반LRWC, 반 캠프 매니저 운동이 생겨나게 된 것이다. 반대 세력의 중심에 선 것은 캠프의 최대 민족인 크란족 출신 그룹이었다.

신흥 정치 조직의 대두

2005년경부터 캠프의 신흥 정치 조직으로 급속히 세력을 늘려나간 단체가 바로 '카운티 대표자 연합(Heads of County)'이었다.

부두부람 캠프에서 가장 많은 회원 수를 자랑하는 '그랜드제데 카운티 난민협회'의 대표가 '부패한 현 체제를 규탄하고, 부두부람 캠프의 진정한 대표를 결성한다'라는 대의를 세우며 다른 14개 카운티의 대표자들을 소집하여 발족한 것이 바로 이 '카운티 대표자 연합'이었다.

민족 간의 관계가 꼭 좋다고만은 할 수 없었지만, 권력을 휘두르는 가나인 캠프 매니저와, 그 권력에 유착하는 LRWC에 모두 강한 혐오감을 가지고 있었기에 '현 체제 타도'라는 슬로건 아래에 민족 간의 앙금을 넘어 이해가 일치한 것이었다.

'카운티 대표자 연합' 멤버 중 한 명이며, 내 연구 보조원이기도 한 벤자민은 이 연합이 설립되던 당시의 열기를 나에게 이야기해 주었다.

"우리들(카운티 대표자)은 몇 번이고 모여서 얘기를 한 거야. 캠프 생활 환경이 갈수록 열악해지기만 해. UNHCR은 매년 꽤 큰 돈을 캠프 운영비로 편성하고 있는데, 우린 수도와 화장실 사용료까지 내고 있다고. 그 돈은 도대체 어디에 쓰이는 거지? 누군가가 부정을 저지르고 있는 거라고! 그 자식들을 내쫓지 않는 한 이 캠프에 미래는 없어. 그래서 우리들이 전원 찬성으로 '카운티 대표자 연합'을 발족하게 된 거야."

'LRWC를 타도하고 캠프 주민을 진정으로 대표하는 조직으로서 난민의 생활 환경 개선을 위해 싸운다'라는 사명을 띤 '카운티 대표자 연합'은, 2006년에 정식으로 결성되어 LRWC의 강력한 반대 세력으로 부상했고, 그 후 몇 년간 LRWC와 첨예한 대립 구도를 펼치게 된다.

이 '카운티 대표자 연합(Heads of County)'의 총수인 'The Head of Heads'로 선출된 인물이 이 연합의 발기인이기도 한 그랜드 제데 카운티 난민협회의 통솔자 '매디슨'이었다. 당연한 일이지만 그의 마음속에는 부두부람 캠프 대표는 가장 많은 인구를 차지하는 크란족이 맡아야 한다는 신념이 자리 잡고 있었다.

'타도 LRWC'의 깃발을 들었지만 앞서 설명한 바와 같이 캠프의 대표 자리를 다투는 선거는 가나 정부에 의해 폐지된 상태였다.

또한 캠프에서는 일체의 정치 활동이 금지되어 있기 때문에 '카운티 대표자 연합'이 공식 조직으로서 가나 정부, UNHCR, LRWC의 승인을 받을 가능성도 없었다. 사실, 2006년 조직이 결성된 직후에 매디슨이 수차례 LRWC에 면담을 요청했지만, 산보라 회장은 이에 응하지 않았다.

그 후에도 '카운티 대표자 연합'의 멤버 15명이 공동 서명한 LRWC의 부패한 구조와 캠프 주민의 현 체제에 대한 불신을 역설하는 문서를 가나 난민국과 UNHCR에 보냈으나, 묵살된 상태였다.

이런 이유로 '카운티 대표자 연합'은 방침을 전환했다. '우선 풀뿌리 레벨의 활동을 전개하여 현 체제에 불만을 가진 난민들을 모아 머릿수로 쿠데타를 노린다'는 작전으로 변화를 시도한 것이었다.

이들은 카운티 출신자들에 의해 직접 선거로 선출되었기에, 각 카운티로부터 큰 지지를 얻고 있는 인물들이었다. 이들은 매월 정기적으로 각자의 카운티 출신자들을 모아 LRWC의 부패를 규탄하고, 불만을 재확인하며 현 체제를 대신할 존재(즉, '카운티 대표자 연합')가 필수 불가결하다는 주장을 적극적으로 펼쳐 나갔다.

이 치밀한 풀뿌리 작전은 차차 그 성과가 드러났다.

캠프 주민의 대부분은 캠프의 생활 수준이 악화되면서 힘겨워했고, 지금의 대표 기관인 LRWC의 부패에 대한 소문을 익히 들은 터였기에, '카운티 대표자 연합'이 지지 기반을 넓혀 가는 데 그리 오랜 시간이 걸리지 않았다.

처음에는 완전히 무시할 요량이었던 LRWC와 캠프 매니저는 착실히 자신들의 세력을 확대해 나가는 이 다수 민족들의 신흥 정치 조직의 존재를 차츰 우려하게 되었다.

그 후 가나 정부는, 캠프 게시판에 '캠프에서의 모든 정치 활동은 금지되어 있으며, 이를 어기는 자는 엄중히 처벌한다'라고 거듭 통보했다.

그러나 '카운티 대표자 연합'은 그 후에도 적극적으로 지지자들을 확보하기 위한 운동을 계속하며 LRWC와의 대립을 첨예하게 만들어 갔다.

정치 활동은 범죄 행위!

'카운티 대표 연합'에 처음으로 찾아온 절호의 기회는 2008년 2월부터 시작된 캠프 내부의 항의 시위였다.

이 시위는 본래 정치적인 요소를 전혀 찾아볼 수 없었다. 캠프에서 생활하는 라이베리아 난민 여성 그룹이 UNHCR이 추진하는 '라이베리아 난민의 가나 정착 계획안'(127쪽 참조. 라이베리아 내전 종료 후에도 가나에 머물고 있는 난민들을 위해 수용국인 가나의 영주권을 부여하는 등 이 나라에서 장기적인 정착을 추진하는 계획)에 반대하는 목적으로 조직한 시위였다.

이미 설명한 바와 같이 라이베리아 난민 대다수는 선진국에 재정착하기를 희망하기 때문에 가나에서의 정착은 반대하는 입장이었다. 여성들이 직접 들고 일어선 것은 이 항의 시위를 '평화적'인 것으로 하고 싶어서였다. 남성들이 개입하면 그 방법이 폭력적으로 과격화되기 쉽기 때문이라고 했다.

이 난민 여성들에 의한 항의 활동은 한 달 이상 계속되었는데, 처음에는 수십 명에 불과했던 참가자 수가 어느새 200~300명으로 늘어나, 가나 정부, UNHCR, 그리고 국내외 미디어의 관심을 끌게 되었다.

'카운티 대표자 연합'은 이 기회를 놓치지 않고 이용했다.

가나 정부와 UNHCR은 여성들이 일으킨 항의 시위를 '위법 행위'로 보고 즉시 해산을 명하는 성명을 발표했다. 이를 지지하는 LRWC는 시위의 중심이 된 여성들을 심하게 비난했는데, 이와 대조적으로 '카운티 대표자 연합'은 여성 시위 참가자에게 '절대적인 지원'을 표명한 것이다.

이에 그치지 않고 '카운티 대표자 연합'은 동포를 돌보려 하지 않는 LRWC는 더 이상 난민 대표로서의 존재 의미를 상실했다고 규탄했고, 난민들에게 이 시위를 지지할 것을 촉구하며 시위에 각자의 카운티 멤버들을 대량으로 동원했다.

동시에 '카운티 대표자 연합'은 LRWC가 난민의 생활 수준을 향상시키려는 노력을 게을리하고 있을 뿐 아니라 부정부패가 만연하여 이미 캠프 주민들로부터 신뢰를 완전히 잃었다고 지적했다. LRWC 현행 멤버의 총사퇴와 캠프에서 민주적 선거를 재개할 것을 요구하는 문서를 2008년 3월에 가나 정부, UNHCR, 그리고 국내 미디어에 보냈다.

이를 계기로 난민 여성들이 일으킨 시위는 당초의 '라이베리아 난민의 가나 정착 계획안'에 대한 항의와 반대라는 취지가 사라지고, '카운티 대표자 연합'의 정권 탈취라는 야심을 성공시키기 위한 정치 투쟁의 수단으로 변모했다.

라이베리아 난민 여성들의 항의 시위

시위를 주최한 여성 리더들은 '카운티 대표자 연합'이 무리하게 편승하는 것에 강하게 반발했지만 매디슨을 중심으로 한 '카운티 대표자 연합'의 광범위한 영향력 앞에서 어쩔 도리 없이 자리를 내주었다.

'카운티 대표자 연합'은 캠프 매니저의 강한 경고에도 아랑곳하지 않고 오히려 선동 활동을 계속하여, 결국에는 시위 참가자의 수가 700명 정도까지 늘어나게 되었다.

이 시위 기간 중 캠프 주민들은 현 체제인 LRWC의 편에 설지 아니면 민족 대표의 신흥 세력인 '카운티 대표자 연합'을 지지할지 고심하게 됐고, 캠프는 둘로 나뉘게 되었다.

그러나 이 시위를 이용하여 LRWC를 실각시키고 정권을 탈취하려는 '카운티 대표자 연합'의 계획은 가나 정부의 무장 개입으로 어이없이 무너지고 말았다.

가나 정부는 라이베리아 난민들이 일으킨 시위를 '국가 치안에 대한 중대한 위협'이라며 상당히 심각한 표현을 사용하여 비난했고, 2008년 3월 말 수백 명에 달하는 무장 경찰대를 캠프에 보내 시위 참가자를 남김없이 체포, 이 중 16명을 국외로 추방하는 폭력적인 대응에 나섰다.

기니 경찰은 '카운티 대표자 연합'의 핵심 멤버를 체포했다(일부는 체포를 피해 캠프 밖으로 도주했다). 이로 인해 이 신흥 정치 조직은 단숨에 그 세력이 약해졌고, 이들의 구심력도 급속하게 무너져 내렸다.

UNHCR은 가나 정부가 16명의 난민을 국외로 추방한 사건에 대해 비난하면서도, 캠프에서 벌어진 시위에 대해 가나 정부와 마찬가지로 '매우 유감스러운 행동'이라며 비판적인 입장을 굽히지 않았고, 시위가 일어나게 된 배경에 대해서 그 어떤 조사도 실시하지 않았다.

그 후 2011년에도 캠프에서 난민들 사이에 권력을 둘러싼 항쟁이 재차 발생했다. '카운티 대표자 연합'의 잔당을 중심으로 캠프에서 반LRWC 세력이 재결합하여 '가나 체류 라이베리아 난민 합동 위원회(Joint Liberian Refugee Committee of Ghana, 이하 '합동 위원회')'라는 새로운 단체를 조직했다. 이들이 LRWC의 즉각적인 퇴진을 요구하는 성명을 발표하자 400여 명의 난민들이 서명을 하러 몰려들었다.

이 단체는 LRWC 사무실을 포위하고 퇴진을 요구하는 등 과격한 항의 활동을 전개했다.

그러나 가나 정부는 또다시 시위를 제압하기 위해 경찰대를 투입했다. 시위에 참가한 라이베리아 난민 중 한 명이 경찰대의 총격에 사망했고, 그 외에도 여러 명의 부상자가 생겨나는 비극이 일어났다.

시위에 대한 가나 정부의 폭력적인 대응 방식을 눈앞에 마주한 난민들은 캠프에서의 정치 활동이 '범죄 행위'로 처벌된다는 사실을 다시 한번 상기하게 되었다.

이제 난민들이 캠프에서는 '침묵'이야말로 최대의 '자기방어'라고 여기게 된 것인지, 이후 모든 정치 활동이 썰물 빠져나가듯 자취를 감추었다.

이는 동시에 LRWC가 권한 및 지위 유지에 성공했음을 의미했다. 이로써 이때까지의 비뚤어진 캠프의 운영 시스템이 지속되게 된 것이었다.

착한 난민, 나쁜 난민

'카운티 대표자 연합'과 '합동 위원회' 등 반대 세력이 얼마나 순수한 의도로 난민들의 생활 향상을 고려하고 있었는지 나는 알 수 없다. 만약 정권 교체가 실현되었다고 하더라도 그저 LRWC와 다른 또 하나의 지배 계층이 탄생한 것에 지나지 않았을 수도 있을 것이다.

그러나 설사 리더 선택에 실수가 있었다고 하더라도, 이 또한 난민들 자신의 책임이다. 그런 경우에도 민주적 선거만 제도화된다면 다음 선거에서 캠프 주민들의 손으로 다른 인물을 리더로 세우면 된다고 나는 생각한다.

일반적으로 '인도적 지원'의 대상인 난민은, 수용국에서 '지원은 감사히 받고 불평은 하지 않는 피해자'로 지낼 것이 요구된다. 불평불만을 늘어놓지 않고 권력에 순응하는 난민은 모범적인 '착한 난민(Good refugees)'이며, 캠프를 총괄하는 측에 소중한 존재가 된다.

한편, '카운티 대표자 협회'와 같이 소리 높여 자신들의 권리를 주장하는 정치 활동을 하거나 하면 '나쁜 난민(Bad refugees)'이라는 낙인이 찍혀 수용국 정부나 UNHCR과 멀어지게 된다.

난민이라는 '피해자'가 정치 활동을 하는 것은 문제가 될 수 있는 행위이며, 하물며 수용국에 비난의 화살을 겨누는 시위는 허용될 수 없는 범죄 행위로 간주되는 것이다.

난민의 정치 활동에 대한 UNHCR의 반응은 내게 무척 어색하게 느껴졌다.

본래 난민을 보호하고 이들의 권리를 수호하는 입장에 서야 하는 UNHCR의 스태프는 부두부람 캠프에서 일어난 일련의 시위를 보며 냉담한 반응을 보였다. 내가 UNHCR 스태프 중 한 명에게 2008년에 캠프에서 일어난 시위에 대한 의견을 물은 적이 있다.

"그 일은 몇몇 '불량한' 사람들이 다른 주민들을 선동해서 일어난 거예요. 우리는 시위를 해산하도록 수차례 경고했지만 그들은 들으려고조차 하지 않았어요. 그런 행위를 하면 가나 정부도 더 이상 지켜보고 있을 수만은 없습니다."

냉정한 답이었다. 마치 '나쁜 난민'은 약간 혼이 나도 어쩔 수 없다는 듯이 말이다.

언론과 표현의 자유, 결사와 집회의 자유는 세계 인권 선언에도 명기된 기본적 권리로, 난민이 되었다고 해서 박탈되는 성격의 것이 아니다.

그러나 라이베리아 난민의 정치 활동에 대한 가나 정부의 극심한 탄압과 UNHCR의 냉정한 반응을 보면 난민의 정치적 권리와 자유가 얼마나 억압받고 있는지 알 수 있다.

이미 설명한 바와 같이, 라이베리아 난민의 경제 활동이나 상업 활동에는 큰 제약이 있지만, 그럼에도 캠프 안에서의 활동은 허락된다. 그러나 그들의 정치 활동에 대해서는 '어쨌든 안 돼!'라는 게 현실이다.

어떤 작은 그룹, 커뮤니티, 단체에도 '정치'라는 것은 존재한다는 어느 정치학자의 말이 떠오른다.

이 라이베리아 난민 캠프에는 2만 명이 넘는 사람들이 생활하고 있었고, 이는 아프리카에서 중간 크기 지방 도시와 맞먹는 규모다. 그들이 스스로 리더를 선출하도록 허락되지 않는다는 것이 얼마나 부자연스러운 일인가.

그러나 불행히도 부두부람의 사례는 결코 드문 일이 아니다. 개발도상국의 캠프에서 생활하는 난민들 다수는 '주변에 어떤 영향도 주지 않는 피해자'로 입 다물고 살 것이 요구된다.

난민을 관리하는 수용국 정부나 UNHCR에게도 이것이 '이상적인 난민상'이기 때문이다.

7

그들에게
'나오'라고 불리기까지

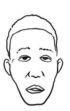

나의 하루

소소한 사건들은 빈번하게 일어났지만 캠프에 머물던 기간 중 내 일상은 기본적으로 단순 그 자체였다.

보통 아침 7시에 기상한다. 원래 아침을 챙겨 먹는 습관이 없던 나는 바로 옷을 갈아입고 미리 잡은 약속에 따라 인터뷰나 앙케이트 조사를 진행한다. 하루에 4~5명의 난민을 인터뷰했다. 사실은 좀 더 많이 인터뷰를 하고 싶었지만 상대가 약속을 잊거나, 그들의 개인적인 사정으로 갑자기 취소되는 일도 있기 때문에 하루에 이 정도 인터뷰하는 것이 한계였다.

인터뷰 한 건당 원칙적으로 한 시간으로 정해 놓고 있었지만, 상황에 따라서는 일찍 끝나기도, 늦게 끝나기도 했다. 대체적으로 저녁 7시쯤까지 데이터를 수집하고, 팬튼과 샘이 기다리는 집으로 돌아가 함께 저녁 식사를 했다.

처음에 식사 당번은 샘과 내가 번갈아 가며 했다.(팬튼은 요리를 거의 하지 않는다.)

나는 요리를 잘하는 편은 아니다. 처음 식사 당번을 맡은 날, 스파게티 면에 시판 토마토소스를 얹은 것을 내놓았더니 "라이베리아 사람은 쌀을 먹지 않으면 밥 먹은 것 같지 않거든." 하며 팬튼과 샘이 기치 없이 싫은 기색을 보였다. 그래서 다음 당번이 돌아온 날에는 밥을 짓고, 영국의 일본 식료품점에서 사서 가져왔던 고등어된장조림 캔과 후리카케[*]를 내놓았다.

"어때, 맛있지?"라며 자신만만하게 말하는 나에게 팬튼과 샘은 미묘한 표정을 지어 보였다. 팬튼은 포크로 고등어를 집어 올리며 "이거 생선이야? 겉에 묻은 갈색 소스는 대체 뭘로 만든 거야?" 하며 걱정스러운 듯 물었다. 샘은 후리카케를 보며 "색깔이 왜 이렇게 컬러풀해? 이거 정말 먹어도 괜찮은 거야?" 하며 거리낌 없이 질문을 던졌다. 결국 이 둘은 별로 음식에 손을 대지 않았다. 고등어된장조림과 후리카케는 이들에게 너무 난이도가 높았던 걸까?

다음 날 팬튼이 "이제 넌 식사 당번을 하지 않아도 좋아, 대신 물을 떠 오든가 다른 일을 도와줘."라고 말했다.

저녁 식사 후에는 셋이서 그날 있었던 일이나 가십거리들, 영국 프리미어 리그의 우승팀 예상 등 시답지 않은 잡담을 하며 보내는 날도 있었고, 아프리카의 정치 상황이나 팬튼과 샘에게는 생경한 일본 문화와 역사에 대해 심각하게 이야기하는 날도 있었다.

아침에 일찍 일어나는 샘은 9시쯤에는 이미 잘 준비를 한다. 팬튼이 잠자리에 드는 것은 10시가 좀 넘었고, 나는 다음 날의 조사 준비를 하다 보면 12시쯤 잠자리에 들었다.

캠프가 위치한 고모아 지역은 정전이 일상다반사처럼 일어났다.

---

[*] 밥에 뿌려 먹는 일본식 조미료로, 말린 야채와 김 가루, 새우나 생선 가루 등으로 구성되어 있다.

우리가 살던 집에는 자가발전기처럼 유용한 장비가 없었기 때문에 정전이 되는 밤에는 아무것도 할 수 없었다. 그런 때는 촛불 아래에서 저녁 식사를 한 후 바로 잠자리에 든다.

아침부터 캠프 이곳저곳을 걸어다니기 때문에 매일 밤 몸은 피곤에 지쳐 있었지만, 아무리 그래도 저녁 식사를 마친 저녁 8시 정도에는 아직 잠이 오지 않았다. 정전으로 칠흑같이 어두운 속에서 천장을 올려다보고 있자면 그날 했던 조사에 대해 이런저런 생각이 떠오르기 마련이다.

그 대부분은 후회와 반성이다. 인터뷰에 지각한 상대방에게 뭐라고 한마디 한 일, 내가 던지는 질문의 의도가 상대방에게 잘 전달되지 않아 답답했던 일, 이들이 안고 있는 마음의 상처는 아랑곳하지 않고 무신경한 질문을 던진 일 등. 나는 미숙한 연구자였다. 조사를 시작했던 당시엔 특히나 더…….

캠프 체류 기간 중에는 가능한 한 난민들과 같은 조건에서 생활하려고 노력했다.

물론 나는 스스로 원해서, 또 한정된 기간만 캠프에서 지내는 것이기에, 난민이 된 사람들의 고초와 불편함을 진정한 의미에서 체험하는 것은 불가능하다. 단지, 가능한 한 이들의 '표준'에서 생활하는 것이 이들의 관습이나 생활 사정을 이해하는 데 보다 도움이 되지 않을까 생각했다.

먹을 것과 물, 비누, 양초, 휴지 등 일용품은 모두 캠프 내 또는 주변에 있는 가게에서 조달했다. 전화는 선불 카드로 사용하는 구형 핸드폰을 사용했고, 선불 카드는 캠프에서 카드를 판매하는 아이들로부터 구입했다. 머리가 자라면 캠프에 있는 이발소에 갔다. 속옷과 같은 옷가지도 난민들이 차린 노점에서 구입했다. 조사 기간 중에는 캠프 헌 옷 가게에서 구입한 청바지와 티셔츠가 내 유니폼이었다.

자주 이용했던 캠프 내 다니엘의 이발소

라이베리아 카레

현지 조사를 마치고 영국으로 돌아간 후 "캠프에서 지내는 동안 식사는 어떻게 하셨어요? 음식이 맞지 않아 고생이 많았죠?"라는 말을 많이 들었다.

당연한 질문이다. 하지만, 나는 음식 때문에 고생한 기억이 거의 없다. 물론 음식을 가리지 않고 매일 같은 것을 먹어도 불만이 없는 내 식성 탓도 있지만, 단순히 캠프에서 먹은 음식들이 내 입에 맞았던 덕이 컸다.

라이베리아 사람들의 주식은, 일본 사람과 마찬가지로 쌀(파에야를 요리할 때 사용하는 쌀과 비슷한 찰기가 없는 쌀)이다. 막 지은 흰 쌀밥 위에 푹 끓인 야채와 고기, 생선 등에 스파이시한 소스까지 얹은 한 그릇 메뉴인 '라이베리아 카레'가 보편적이다. 샘이 우리 집에서 저녁 식사 당번인 날에 만드는 것도 대부분 이 메뉴였다. 처음에는 카레의 매운 맛에 입에 불이 나는 듯했지만 차차 적응이 되면서 어느새 내가 가장 좋아하는 메뉴가 되었다.

조사 기간 중 점심은 캠프의 레스토랑(물론 오두막 같은 모습으로 레스토랑이라고 부르기엔 좀 어색하긴 하다)이나 노점(난민이 집에서 만든 음식을 길가에서 판매하고 손님은 주변에 서서 먹는다)에서 해결했다.

때로는 기분 전환 겸 캠프 근처에서 현지 주민이 하는 식당에 가기도 했다.

부두부람 캠프 입구 바로 옆에 가나 사람이 운영하는 여인숙이 있었는데, 이곳에 간소한 식당이 함께 들어서 있었다.

이곳처럼 아프리카의 지방에 있는 식당에서는 메뉴가 별 소용이 없다. 메뉴에 있는 음식을 주문해도 "다 팔렸어.", "어제까진 있었는데 오늘은 없어.", "만들 수는 있는데, 그럼 재료를 사러 갔다 올게. 세 시간 정도 걸릴 거야." 등 핑계가 돌아오기 마련이다. 그래서 쓸데없이 시간 낭비하는 일을 피하기 위해 식당에 들어서면 "지금 바로 먹을 수 있는 건 어떤 거야?"라고 물어보게 되었다.

이 여인숙 식당에서 첫날 내가 먹은 음식은 '볶음밥(Fried rice)'이었다. 다음 날도 "오늘 되는 음식은 뭐가 있어?"라고 물어보면 바로 "Fried rice."라는 답이 돌아왔다. 그다음 날도 같은 질문에 상대방은 태연하게 "Fried rice."라고 대답했다.

"메뉴에 'Fried rice only'라고 적어 놓는 게 어때?"

한번은 이 식당 웨이트리스에게 이렇게 말하며 불만을 말해 보았지만, '마틸다'라는 이름의 이 웨이트리스에게는 전혀 통하지 않았다. "당신은 우리 집 볶음밥이 정말 맛있나 봐."라는 전혀 기대하지 않은 답만 돌아올 뿐이었다.

물론 난 이 식당 오리지널 메뉴인, 마요네즈가 듬뿍 뿌려진 이 볶음밥이 마음에 들었다. 주말 저녁 이곳에서 식사할 때면 한 주 동안 고생한 나에게 주는 선물로 미지근한 상온의 스타 맥주(가나에서 가장 유명한 맥주 브랜드) 한 병을 함께 마시는 것이 조사 기간 중 내가 즐긴 가장 큰 사치였다. 덧붙여 말하자면 난 지금도 가나의 스타 맥주를 사랑해 마지않는다.

하지만 주 2~3회 빈도로 다니던 이 식당에 한동안 발걸음 하지 않게 된, 작은 사건이 일어났다.

어느 저녁, 언제나처럼 식사를 하고 있던 때였다. 바닥 틈에서 무언가 작은 생명체가 움직이고 있는 느낌이 들었다. 조금 어둑한 조명 아래로 어렴풋이 보이는 움직임에 주시하고 있자니 서서히 눈에 들어오는 것은 작은 생쥐 몇 마리가 아닌가. 식당 구석에 있는 작은 통풍구 같은 곳을 나왔다 들어갔다 하며, 가끔씩은 생쥐들이 바닥을 가로질러 뛰어다니고 있었다. 혹시나 하는 마음에 마틸다에게 "저기 쥐가 나왔어."라며 살며시 항의해 보았지만, "그런데?" 하는 대수롭지 않다는 표정과 답이 돌아올 뿐이었다.

나는 웬만한 불편함은 감내할 수 있었지만 아무래도 식사 중에 눈앞에서 쥐들이 뛰어다니는 광경을 지켜본다는 것은 결코 유쾌한 일이 아니었다. 결국 나는 캠프 근처에 있는 다른 식당에 가게 되었다.

어느 날 오랜만에 그 여인숙에 가보았더니 식당은 폐업 중이었다. 마틸다의 소식을 묻자 이런 대답이 돌아왔다.

"당신이 오지 않으면서 식당에 오는 손님들도 거의 발길을 끊었지 뭐야. 주인이 문을 닫았어."

그러고 보니 이 식당에서 나 말고 다른 손님을 만난 일이 없었던 것 같았다. 아무래도 내가 이 식당의 유일한 단골손님이었나 보다.

"너를 좋아해."

조사가 한창이던 어느 날, 난 갑자기 고백을 받았다.

눈앞에 있는 여성은 '패트리샤'. 부두부람 캠프에서 생활하는 라이베리아 난민으로, 미혼모이며 5살 난 딸 '라파나'와 함께 살고 있었다. 코트디부아르에서 몇 년간 난민으로 지낸 후 가나의 부두부람 캠프로 오게 되었다.

키가 180센티미터 정도인 내 옆에 서면 어깨에 닿을까 말까 한 그녀의 키는 150센티미터 정도로 짐작된다. 검은 눈동자가 크고 웃을 때 덧니가 살짝 보이는 얼굴로, 실제 나이인 25세보다 훨씬 어려 보이는 모습이다.

그녀의 직업은 미용사로, 아프리카 여성 특유의 다양한 스타일로 재주 좋게 머리를 땋아 준다. 솜씨가 좋다고 소문이 자자해 패트리샤의 '푸른 하늘' 미용실은 언제나 손님으로 가득하다.

그녀와 처음 만난 것은 2008년 11월. 캠프에서 다양한 직업에 종사하는 난민을 조사하던 중 '캠프에서 가장 잘나가는 미용사'라며 연구 보조원인 시터가 소개해 줬다.

나는 인터뷰할 때 같은 대상을 시간을 두고 수차례에 걸쳐 진행한다. 그 편이 보다 흥미로운 데이터를 얻을 수 있기 때문이다.

결코 말수가 많은 편은 아니었지만, 방긋방긋 잘 웃는, 매우 해맑은 여성이라는 게 패트리샤의 첫인상이었다.

세 번째 인터뷰를 그녀의 집에서 진행한 후, 패트리샤가 "점심을 대접하고 싶어."라고 했다.

그날 메뉴는 비프 스트로가노프와 비슷한, 염소 고기를 사용한 고트 스트로가노프. 그녀는 요리 솜씨도 좋았다.

그다음 날, 인터뷰에 대한 답례로 캠프 시장에서 구입한 통조림을 들고 찾아갔더니 미지근한 콜라를 내왔다. 그리고 그 자리에서 갑자기 고백을 받은 것이었다.

"저기…… 나, 당신이 좋아졌어. 혹시 결혼했어?"

허를 찔린 나는 어떻게 대답해야 할지 말이 잘 나오지 않았다.

"……. 아니…… 결혼은 아직 하지 않았는데……. 왜 그런 걸 물어보는 거야?"

"그러니까, 당신을 좋아한다니까? 나 어떻게 생각해?"

"……. 저기…… 만난 지도 얼마 안 됐고…… 서로 잘 알지도 못하고……."

"세 번이나 인터뷰했잖아. 난 당신 알 만큼 알고 있다고,"

그 순간 내 머릿속에 한 가지 생각이 떠올랐다.

"혹시……. 혹시 말이야, 재정착 같은 데 관심이 있는 거라면, 난 도와줄 수가 없어."

패트리샤는 숙연해진 목소리로 대답했다.

"재정착 같은 건 관심 없어. 그저 단순히 당신이 좋아졌을 뿐이라구."

전혀 예상치 못한 전개에 어찌할 바를 모르는 나에게, 패트리샤가 말을 계속했다.

"저기…… 내가 마음에 들지 않아? 당신은 일본 사람이랑만 사귀는 거야?"

"아니……. 꼭 그런 건 아닌데……."

"그럼 내가 난민이라서?"

"아냐 아냐, 그건 전혀 상관없어."

"그럼 대체 뭐가 싫은 거야?"

"글쎄…… 난 지금 이 캠프에서 조사 활동 중이고…… 연구자로서 조사하는 대상과 너무 거리를 가까이하는 것도 바람직하지 않아."

"무슨 말인지 모르겠네. '거리'라는 게 대체 뭐야?"

그저 적당한 평계였을 뿐이다. 나 자신도 '연구자'와 '조사 대상' 사이의 '적절한 거리' 같은 것은 더 이상 잘 모르겠다고 느끼고 있었으니까.

하지만 이렇게 얘기하면서 약간의 냉정을 되찾았다. 아무래도 그녀의 말은 진심에서 나오는 것 같았다. 그렇다면 나도 제대로 답을 해 줘야 했다.

"난 결혼은 하지 않았지만, 지금 진지하게 교제하는 여성이 있어. 그러니까 당신과 그런 관계로 발전할 수는 없어. 이해해 줄 수 있지?"

패트리샤는 아무 말 없이 잠시 내 눈을 응시했다. 그리고 훗 하며 한숨을 쉬더니 이내 웃음을 지어 보였다.

"역시나 진지한 사람이네. 난 당신이랑 인터뷰하면서 그렇게 느꼈는데 말이야. 생각했던 대로였어. 좋아, 알았어. 하지만 마음이 바뀌거나, 외로워지면 전화해. 기다릴게."

이런 갑작스러운 고백 사건 후에도 난 몇 번인가 패트리샤를 인터뷰했다. 민소매와 핫팬츠 차림으로 대담하게 맨살을 노출한 그녀를 보며 가슴이 철렁한 일도 있었다. 하지만 남녀 관계로 발전하는 일은 없었다. 당시 장래를 약속하며 교제하던 상대가 있었기 때문이다.

하지만 장래를 약속한 상대가 없었더라면 어떻게 되었을까? 상상력을 더해 추측해 본다면, 만약 사랑하는 관계로 발전한다고 해도 별 문제가 될 일은 없지 않았을까? 실제로, 제4장에서 소개한 마사와 노르웨이인 남편과 같은 국제결혼도 있긴 했다.

연애는 캠프에서 생활하는 사람들 일상의 한 부분이다. 패트리샤에게는 그 대상이 어쩌다 보니 캠프에서 자주 보이는 동양인이 된 것뿐이었다. 마찬가지로 나도 그녀와는 '난민'이라는 틀과 관계없이 평소에 일본이나 영국에서 주변 여성들에게 대하는 것과 같이 대했을 뿐이었다.

캠프에서 지내는 기간이 길어질수록, 연구자라기보다는 캠프의 이웃으로서 난민들과 어울리는 부분이 커져 갔다. 동시에 '조사하는 입장'과 '조사받는 입장'이라는 차이도 점점 희미해져 갔다.

납치 사건

내가 부두부람에서 조사 활동을 시작했을 즈음부터, 캠프에서 발생하는 범죄가 증가세를 보였다.

대부분은 빈집 털이로, 낮에 비어 있는 집의 자물쇠를 따고 들어가 현금, 핸드폰, 옷가지 등을 훔쳐 가는 패턴이었다. 내가 인터뷰한 난민 중에도 빈집 털이, 절도 범죄의 피해자를 심심치 않게 볼 수 있었다.

하지만 이런 경범죄에 그치지 않고, 무장 강도가 한밤중에 캠프의 민가를 습격하는 험악한 사건이 빈번히 발생하는 등 범죄가 흉악해졌다. 그래서 당시 캠프의 모든 주민들이 깊은 시름에 잠겨 있었다.

캠프의 입구에는 가나 경찰이 지키는 파출소가 설치되어 있긴 했지만, 이곳 경찰관들은 캠프 안에서 발생하는 범죄에 전혀 관심을 보이지 않았다. 그마저도 저녁 5시 무렵 퇴근하고 나면 그만이었다.

나 또한 범죄가 증가하는 상황은 충분히 인식하고 있었고, 밤중에 혼자 외출하는 일은 되도록 피하려고 했다. 하지만 털어놓자면 캠프 생활에 익숙해지면서 '설마 내가 피해자가 되겠어?'라는 아무 근거도 없는 낙관론을 가지게 된 것도 사실이다.

그러나 캠프에서 지낸 지 7개월이 지났을 무렵, 떠올리기만 해도 등골이 서늘해지는 납치 감금 사건이 발생했다.

지금도 잊을 수 없는 2009년 2월 23일. 언제나처럼 아침부터 난민들 인터뷰로 바쁘던 중 핸드폰이 울리기 시작했다.

나는 인터뷰 중에는 전화를 받지 않는 주의였기 때문에, 그대로 무시하고 있었지만, 핸드폰 화면에 뜬 발신자를 보니 조셉, 에머슨, 페니, 케빈, 패트리샤, 벤자민 등 친한 사람들의 이름이 차례로 뜨는 것이었다. 계속해서 울리는 전화를 무시했지만 같은 사람들이 집요하게 걸어오는 전화에 어딘가 이상함을 느낀 나는 인터뷰를 잠시 중단하고 전화를 받았다.

전화를 건 사람은 에머슨이었다. 이미 그로부터 수차례 부재중 전화를 받은 터였다.

"여보세요, 계속 나한테 전화한 것 같은데……."

말을 마치기도 전에 소란스러운 그의 목소리가 귓전을 때렸다.

"나오! 너 괜찮아? 다친 데 없어? 지금 어디야?"

"어, 괜찮은데…… 지금 항상 오는 식당에서 인터뷰 중이야."

"뭐야, 걱정했잖아! 피해자가 '화이트 맨'이라고 해서 무조건 너라고 생각했다고!"

"대체 무슨 일이야?"

"키드냅이야 키드냅! 세상에 이런 나쁜 놈들이……."

'키드냅(kidnap)' 실로 오랜만에 듣는 단어에 잠시 그 뜻이 생각나지 않았다. 키드냅이라니…… 납치?

그 후 캠프 주민들의 이야기와 신문 보도 등을 종합해 보면 사건의 전말은 다음과 같았다.

부두부람 캠프 거주자 모두가 라이베리아 난민인 것은 아니다. 몇 명 되지 않겠지만 코트디부아르와 시에라리온에서 온 난민이나, 나이지리아, 토고 등 서아프리카 주변 국가에서 온 이주민들도 있었다. 이들 중 몇 명과 인터뷰한 일은 있지만 교류는 한정되어 있었다.

이번 납치 사건은, 나이지리아에서 이민 온 사람들 일부가 꾸민 것이었다.

뉴스에 의하면 이 나이지리아 그룹은 인터넷으로 사업 얘기를 제시하고, 여기에 걸려든 상대를 납치 감금하여 그 가족과 지인들로부터 몸값을 뜯어내는 수법을 거듭해 온 범죄자 일당이었다. 이번에도 같은 수법으로 한국인 사업가를 속여 가나의 수도인 아크라에서 차에 태워 그대로 부두부람 캠프까지 내달렸고, 4일 동안이나 캠프 어딘가의 빈집에 감금하고 20만 달러의 몸값을 인질의 가족에게 요구했던 것이다.

이들이 캠프를 인질 감금 장소로 선택한 이유는 캠프가 사실상 치외 법권 지역으로, 가나 경찰의 눈이 닿지 않기 때문이었다.

이 한국인 사업가는 나이지리아 사람의 감시가 소홀한 틈을 타서 스스로의 힘으로 감금된 집에서 탈출했고, 마주친 캠프 난민에게 도움을 청했다. 그리고 이를 통해 비로소 이번 사건이 알려지게 되었다.

이 피해자는 감금된 동안 상당히 심한 폭행을 당했다고 한다. 범인들은 신용카드 비밀번호를 알아내기 위해 이 사업가의 손가락에 여러 차례 칼을 꽂는 등 너무나도 잔혹한 행위를 저질렀다.

이 '한국인 사업가 납치 사건'으로 캠프의 라이베리아 난민들에게도 어둠이 드리워졌다.

이들의 우려는 나이지리아 범죄 조직에 가담한 라이베리아 난민이 있는 것은 아닌가 하는 것이었다. 감금 장소가 라이베리아 난민의 최대 거주 지역인 부두부람 캠프의 한가운데였기 때문에 이러한 우려는 당연한 것이었다.

룸메이트인 팬튼은 혹시라도 라이베리아 난민이 사건에 협력한 사실이 있으면 가나에서 신세 지고 있는 라이베리아 난민의 입장은 한층 나빠질 것이라며 심각하게 걱정했다. 앞서 설명한 2008

년에 부두부람 캠프에서 일어난 데모 사태 이후, 가나 정부와 라이베리아 난민과의 관계는 험악해졌고, 난민이 범죄에 가담한 증거가 나올 경우, 가나 정부는 라이베리아 난민에 대한 단속을 한층 강화하여 캠프마저 폐쇄할지도 모른다는 것이 팬튼이 걱정하는 '최악의 시나리오'였다. 다행히 그 후 가나 경찰의 조사에서 라이베리아 난민의 범죄 관여 사실은 나오지 않았고, 사건은 나이지리아인 범죄 조직을 체포하는 것으로 막을 내렸다. 동시에 수많은 라이베리아 난민이 가슴을 쓸어내리며 안도의 한숨을 내쉬었다.

한편, 내 귀에는 좋지 않은 소문도 들려왔다. 이 나이지리아 납치범들이 한때 범죄의 타깃으로 나에게도 눈독을 들이고 있었다는 것이었다. 물론, 이 나이지리아 납치범들에게 직접 들은 이야기는 아니어서 사실인지는 알 수 없다.

하지만 이 캠프 주민 중 유일하게 '화이트 맨'인 나에게 이 납치범들이 주목하는 것은 당연한 것이었다. 내가 누구고 캠프 어디에 사는지와 같은 정보를 얻는 것쯤이야 어렵지 않았을 것이다.

이 납치 사건 이후 연구 보조원들은 나에게 "조심해야 해."라며 수없이 주의를 주었다. 특히 룸메이트인 팬튼과 샘은 "이제부터는 아무리 늦어도 저녁 8시까지는 집에 꼭 돌아와야 해. 혹시 아무런 연락도 없이 8시 넘어서도 안 들어오면 바로 경찰에 신고할 거야."라며 통금까지 두면서 말 그대로 시집 보내기 전 딸을 키우는 부모 같은 태도를 보였다.

한 달 반 동안 물 없이 살기

지금 일본에서 가정에 수도가 연결되어 있지 않은 곳은 얼마나 될까?

서아프리카에는 사회 인프라 설비가 뒤쳐진 나라가 많아, 대도시에서 멀어질수록 수도와 같은 기반 시설이 점점 보기 힘들어진다. 지방에서는 우물을 이용하는 일반 가정이 많다.

그러나 부두부람 캠프가 위치한 가나의 고모아 지역은 바다가 가까운 탓에 우물을 파도 해수와 같이 소금기 있는 지하수밖에 나오지 않기 때문에, 우물에서 음용수를 확보하기가 힘들었다. 근처에 하천이나 호수도 없어 캠프 주민들은 UNHCR이 설치한 가설 수도를 통해 물을 구입하는 것 외에 달리 방도가 없었다. 구입한 물은 집에서 가져온 플라스틱 물통이나 양동이에 담아 각자 집으로 운반한다.

이 가설 수도는 외부에서 반입한 물을 탱크에 저장하는 방식이었기에 물이 동나는 일이 빈번했다. 일단 저수조가 텅 비게 되면 새로 채워질 때까지 물 부족 상태에 놓이게 된다. 물 이용은 부두부람 캠프에서 정말 힘들고 중요한 일이다.

나와 팬튼, 샘이 사는 집이 위치한 지역은 UNHCR이 설치한 가설 수도 시설로부터 거리가 있었기 때문에 근처에 가나 사람이 운영하는 저수조에서 물을 사 오곤 했다. 물을 사서 운반하는 일은 샘의 일과였는데 때때로 샘의 부탁으로 나도 함께 물을 운반했다.

이 저수조는 꽤 연식이 있는 시설로, 안을 들여다보면 녹색 이끼 같은 것들이 여기저기 가득했다.

"저수조 청소는 대체 언제 한 거야?"

"청소하는 건 본 적 없어. 그냥 이 저수조 주인도 이 물을 사용하니까 괜찮겠지. 안 죽어."

그래 뭐, 몸에 이상이 없는 한 마셔도 괜찮겠지, 라는 기분이 들긴 했다.

내가 캠프에 머물던 2009년 초, 부두부람 캠프와 그 주변 지역은 심각한 물 부족에 신음하고 있었다. 샘은 전년도 우기에 비가 충분히 내리지 않은 탓인 것 같다고 얘기했지만 정확한 이유는 알 수 없었다.

내가 이용하던 저수조 소유자도 물을 조달할 수 없어 결국 저수조는 완전히 바닥을 드러냈다.

나와 샘이 저수조 주인에게 언제 물이 보충되는지 물어보자 "적어도 2주는 걸릴 거야."라고 했다.

이 사태를 마주하며 팬튼과 샘과 나는 긴급회의를 열었다. 결론은 간단했다. 저수조에 물이 보충될 때까지 물을 사용하는 생활상의 모든 작업을 미루는 것이었다.

세탁은 관두고 옷가지는 빨지 않은 채로 밖에 널어서 바람에 말리자. 목욕도 모두 잠시 멈추자. 밥은 먹지 않을 수는 없으니 음료수 팩을 사서 이걸로 간단하게 요리하자.

캠프의 물 부족은 힘겹기만 하다.

타는 듯한 태양 볕 아래 쉼 없이 흘러내리는 땀을 흠뻑 머금은 티셔츠는 당연히 매일 빨아 입고 싶다. 온몸에 끈적하게 말라 버린 하루의 땀과 잔뜩 뒤집어쓴 흙먼지를 물로 말끔히 씻어 내리고 싶다. 때로는 면도도 하고 싶다. 하지만, 물 부족 기간 중에는 이 모든 것을 중지해야만 한다.

우리가 사용한 저수조

물 부족 기간 중, 예전에 읽은 베트남 전쟁 종군 기자가 쓴 '더러워진 속옷을 청결하게 입는 방법'이 문득 떠올라 실천에 옮겨봤다. 첫날 입은 속옷을 이튿날에는 앞뒤를 돌려서 입고, 3일째와 4일째에는 이 속옷을 안과 밖을 뒤집어 입은 후 다시 앞뒤를 돌려서 입는 방법이었다.

물은 4일은커녕 한 달이 지나도록 도착하지 않았다.

어느새 내 수염은 울창한 풀숲처럼 자라났고, 목욕도 하지 못해 몸은 그저 더러워져만 갔다.

처음에는 찝찝한 기분에 괴로웠다. 특히 며칠 동안 땀에 젖은 티셔츠를 빨지도 못하고 다시 몸에 걸친다는 것이 너무나도 싫었다. 하지만 2주를 이렇게 살다 보니 어째도 괜찮아졌다. 속옷은 이제 앞, 뒤, 안, 밖, 모두 상관없어졌다.

그 즈음 내 몸은 이미 주변 사람도 확실히 느낄 정도로 악취를 풍기고 있었던 듯했다.(신기하게도 같이 사는 룸메이트끼리는 알아차리지 못했다.) 이 물 부족 상황이 한창이던 때 캠프에서 얼굴을 알고 지내던 가나 사람 NGO 스태프와 마주쳤다. 그는 수도인 아크라에서 주 1회 정도 캠프를 방문하고 있었기에 이번 물 부족 상황의 영향은 별로 받지 않았다. 반가운 마음에 악수를 나누려고 가까이 다가간 순간 그는 얼굴을 찌푸리며 "너 냄새가 심하다."라고 말했다.

어떤 날은 근처 시장에 볼일이 있어 합승 버스에 올라탔는데 누구도 내 옆에 앉으려 하지 않았고, 앉더라도 금방 일어서서 다른 곳으로 옮겨 갔다. 아무래도 여기저기에서 '악취 소동'을 일으키고 다녔던 듯하다.

결국 이 물 부족 사태는 한 달 반 후에 겨우 해결되었다.

대부분의 힘든 경험은 훗날 도움이 될 유익한 교훈이 함께 따라오지만, 애석하게도 이번 사태는 교훈이라고 느낄 만한 것이 전혀 없었다. 억지로 붙여 보자면 태어나서 30년 이상을 청결하고 깨끗한 것이 좋다고 믿어 왔는데, 이 모든 것이 그저 망상에 불과했다는 것을 깨달았다는 것 정도일까?

화장실

캠프 생활에서 경험하는 불편한 점의 대부분에 대해서 난 그다지 불만이 없었지만, 마지막까지 곤란했던 것은 화장실이었다.

우리가 살던 집에는 옥외 재래식 화장실이 있었는데, 사용하는 사람이 팬튼, 샘, 그리고 나 이렇게 세 명뿐이어서 비교적 청결하게 유지할 수 있었다. 문제는 낮에 조사 활동을 하며 캠프 안을 돌아다니는 중 자연의 부름이 느껴질 때였다. 작은 쪽은 그래도 괜찮지만 큰 쪽은 문제가 아닐 수 없다.

앞서 말한 것처럼 부두부람 캠프에는 UNHCR이 설치한 재래식 공중화장실이 여러 곳 있는데, 사용자는 한 번 사용에 5페세와 (약 40원)를 지불하게 되어 있었다. 화장실 입구에서는 라이베리아 난민복지협회(LRWC)가 임명한 관리인이 사용료를 징수한다. 사용료는 공중화장실 청소 및 관리에 사용되어야 하지만, 그 돈이 다 어디로 가는지 몇몇 화장실은 쌓이고 쌓인 배설물이 결국 밖으로 넘쳐흘러 강렬한 악취를 내뿜고 있었다.

이런 참상을 보면 캠프 주민들이 LRWC에 불만을 품고 이들의 횡령을 의심하는 마음도 충분히 이해할 수 있었다.

난민들은 이 공중화장실 사용을 꺼렸고, 근처에 사는 여러 가족들과 모여 그룹을 구성하고 함께 돈을 내어 자신들의 전용 화장실을 만들었다. 각각 관리 비용으로 매달 일정 금액을 갹출하고 있었다.

당연히 이 '사설 화장실'은 그룹에 속하는 가족 전용으로, 돈을 내지 않은 사람은 사용할 수 없다. 유지 비용을 지불할 능력이 없는 가족은 다른 방법으로 대처하는 수밖에 없었다. 즉, 밖에서 일을 보는 것이었다. 좀 더 직설적으로 말하자면 '노상 방뇨', '땅에 거름주기'였다.

남성들의 경우, 캠프의 나무가 우거진 곳이나 풀숲에서 별 문제 없이 소변을 해결했다. 사람들이 많이 지나다니는 곳은 등지고 일을 보긴 했지만, 모두들 대담하게 거사를 치렀다. 하지만 아무리 그래도 사람들의 눈이 있는 곳에서 '큰 일'을 보는 것은 앞서 몇 차례 얘기한 것처럼 이곳 지역 주민과 큰 문제를 일으키기 일쑤였다.

이런 습관이 캠프의 위생을 상당히 악화시키고 있음은 말할 필요도 없었다. 캠프 주민들이 아무런 거리낌 없이 방출하는 소변은 오랜 기간 고이고 고여, 고온다습한 기후 속에 금방 악취를 내뿜게 된다. 그리고 그 주변으로 모기 유충이 생겨나면서 모기의 온상이 된다. 말할 것도 없이 모기는 말라리아의 매개체가 되기 때문에 캠프에서는 말라리아 환자가 늘어나기만 한다. 상당히 구조적인 문제가 아닐 수 없다.

어느 날, UNHCR 가나 사무소 스태프들과 캠프의 위생 문제에 대해 얘기할 기회가 있었다. 그들도 캠프의 열악한 위생 상태는 잘 알고 있었다. 스태프 중 한 명이 가져온 통계 자료에 의하면, 아프리카 전역에서 UNHCR이 운영하는 난민 캠프 중에서도 부두부람 캠프는 인구 대비 공중화장실의 수가 가장 적었기 때문에 UNHCR 내에서도 '아프리카에서 가장 비위생적인 캠프'로 알려져 있다고 했다.

그러나 '알려져 있다'가 '해결하려고 한다'는 의미는 아니다.

캠프 예산이 감소하는 추세 속에 공중화장실 증설이나 관리 개선을 위한 비용을 확보하는 데 어려움이 있었다. 그 후에도 이곳의 위생 문제는 그렇게 방치되었다.

캠프 내 사설 화장실. 문에는 자물쇠가 있다.

말라리아 베테랑

캠프에서 지내던 기간에 나는 내 자신의 건강과 안전에 유의했다. 시간이 제한된 조사 기간 중에 장기간 요양이나 입원을 필요로 하는 큰 병이나 부상을 입는 일은 무조건 피해야 했기 때문이다.

캠프에서는 의료 시설 접근이 제한되어 있다. 부두부람 캠프에는 UNHCR이 설립한 클리닉이 있지만, 어디까지나 난민과 현지 주민을 위해 만들어진 곳으로, 나 같은 외부인이 이 시설을 이용하는 것은 허락되지 않았다. 이 클리닉에 상비된 약과 백신 또한 그

수량이 제한되어 있어, 내가 사용하게 되면 다른 사람에게 돌아갈 분량이 그만큼 줄어들게 되었다.

그래서 몸 컨디션이 안 좋아지면, 또는 그런 조짐이 보일 때면 바로 수도인 아크라의 진료소로 가 진찰을 받았다.

내 몸은 건강했고, 평균적인 체력은 갖추고 있다고 생각했지만, 앞서 말한 것처럼 캠프의 위생 상태는 없던 병도 불러 모으기 최적의 조건이었다. 또한 식욕에는 문제가 없었지만, 매일같이 같은 메뉴만 먹다 보면 특히 야채를 섭취할 기회가 거의 없었기 때문에 내 영양 상태가 꼭 좋다고만은 할 수 없었다. 더욱이 서아프리카의 살이 익는 듯한 햇볕 아래에서는 가만히 있기만 해도 체력이 깎여 나갔고, 하루 종일 열이 축적되어 미지근해진 밤공기에 잠 못 이루는 날도 많았다.

조심하기는 했지만 몇 번인가 병이 나고 말았다.

먼저, 아프리카에서 널리 유행하는 말라리아. 자랑은 아니지만 나는 말라리아에 관해서는 '베테랑'이라고 할 수 있다. 이제까지 몇 년간 아프리카에 체류했던 기간 동안 한 손으로 헤아리기 부족할 정도로 여러 차례 말라리아에 걸렸다. 덧붙여 말하자면 내가 말라리아와 처음 조우한 것은 2004년에 방문했던 모잠비크에서였다.

부두부람 캠프에서의 조사 기간 중에는 두 차례 말라리아가 찾아왔다.

아침에 눈을 떴는데 별 이유 없이 열이 있는 듯했고, 말라리아에 걸렸음을 직감한 나는 무리하지 않으며 버스로 아크라까지 이동했다. 아크라에 다니는 진료소에서 혈액 검사를 하자 역시나 말라리아 양성 반응이 나왔고, 큰마음을 먹고 이틀 정도 휴양하기로 했다.

이때 혈당치가 상당히 낮게 나왔다고 지적을 받았는데, 의사에게 "영양 상태가 좋지 않아. 대체 뭘 먹고 다니는 거야?"라는 말도 들었다. 그간의 부실한 식생활이 머릿속을 스쳐 지나갔다.

참고가 될지는 모르겠으나, 앞으로 아프리카에 가게 될지도 모르는 사람들을 위해 나의 말라리아 대처 방법을 소개해 두고자 한다. 병에 걸릴 것을 전제로, '조금이라도 몸에 이상이 느껴지면 즉시 의사에게 보인다'는 것이다.

말라리아에는 예방약도 있지만, 이 약을 복용한다고 해서 100% 걸리지 않는 것은 아니다. 게다가 말라리아 예방약은 장기간 사용하면 장기에 큰 부담을 주게 되어, 밤에 악몽을 꾸는 일도 있다고 한다.(실제로 나도 과거에 예방약을 복용하고 몇 번인가 잠자리에서 악몽에 시달린 일이 있다.)

이런 리스크를 부담하면서까지 예방약을 계속 복용하는 것은 수지에 맞지 않는 일이다. 말라리아는 불치병이 아니라 이미 약으로 치료가 가능한 병으로, 아프리카에서는 이 치료약을 비교적 간단하게 구할 수 있다. 아프리카에서 말라리아로 목숨을 잃는 불행한 케이스가 끊이지 않는 것은 약을 구입할 돈이 없거나, 오지에 사는 탓에 의료 서비스를 받기 어려운 경우가 많아서다.

말라리아에 관해서는 베테랑이라고 자부하는 내게도, 캠프에 머무는 동안 경험한 장티푸스와의 첫 만남은 매우 강렬한 것이었다.

그날 난 가나 난민국 공무원을 인터뷰하기 위해 새벽 5시에 일어나 수도인 아크라로 향했다. 예정되어 있던 인터뷰는 오전 중에 마치고, UNDP에서 일하는 옛 필리핀인 동료 두 명과 늦은 점심 식사를 하기 위해 중식 레스토랑에 들어섰다. 그리고 한창 식사를 즐기던 때였다.

배를 찌르는 듯한 강렬한 통증과 이제까지 경험해 보지 못한 극심한 한기가 함께 덮쳐 왔다. 의식이 몽롱해졌다. 순간 내 몸에 무슨 큰일이 생긴 게 틀림없다는 생각이 들었다.

당장 화장실로 달려가고 싶다고 생각하면서도 급격한 통증으로 몸이 마음같이 움직이지 않았다. 난 천천히 조심스럽게 몸을 일으켜 통증을 참아 가며 레스토랑 안쪽에 있는 화장실을 향해 힘겹게 한 걸음씩 옮겼다.

장이 튀어나올 것 같은 심한 설사와 뱃속을 휘젓는 듯한 심한 통증에 한기도 점점 심해져 식은땀이 이마를 타고 흘러내렸다. 난 하나밖에 없는 화장실을 본의 아니게 오랫동안 독차지하고 있을 수밖에 없었다.

그러는 동안 화장실에서 너무 오랫동안 돌아오지 않는 나를 걱정한 옛 동료가 상태를 살펴보러 왔다. "지금 빨리 택시 좀 불러 줘……. 배가 너무 아파……."라며 힘겹게 한 마디 한 마디 전달하자 사정을 눈치챈 그들이 바로 차를 불렀고, 나는 UN 스태프 전용 클리닉으로 실려 갔다.

운이 좋았는지 그곳에는 UNDP 시절 1년 정도 같은 아파트에서 생활한 스리랑카 출신 의사가 아직 근무하고 있었고, 응급 환자로 바로 진찰을 받을 수 있었다. 극심한 복통과 멈추지 않는 설사, 그리고 심한 오한 증세를 본 의사는 장티푸스라고 진단했다. 나는 클리닉 침대에 누워 몇 시간 링거를 맞고, 약을 받았다. 그리고 회복 상태를 점검하기 위해 며칠 후 재검사를 받기로 했다.

이때의 통증은 너무나도 강렬했는데, 아프리카 체류 중에 경험한 온갖 병 중에서 "어떤 병이 가장 많이 아팠어?"라고 누가 물어본다면 나는 망설임 없이 '장티푸스'라고 대답할 것이다.

장티푸스 치료가 끝나고 캠프에 돌아오자 놀랍게도 샘도 장티푸스에 걸려 병상에 누워 있었다. 캠프에도 장티푸스가 만연하고 있던 것이다.

캠프에서 머무는 동안 나는 말라리아, 장티푸스 외에도 때때로 콜레라, 그리고 가벼운 식중독을 겪었는데, 이는 캠프 주민(또는 서아프리카의 빈곤층)이라면 일상적으로 경험하는 것이었다.

나는 캠프에 있는 동안만은 난민들과 가능한 한 같은 생활을 경험하려고 했지만 이들과 나의 결정적인 차이는, 나에게는 긴급할 때 필요한 의료 서비스를 받을 수 있는 금전적인 여유가 있다는 것이었다.

아무리 생활 수준을 맞춘다고 하더라도 어차피 난 '부자 나라에서 온 연구자'였고, 언제든 도망칠 곳이 있었다.

교통사고 체험 – 값싼 목숨

질병은 주의를 기울이면 어느 정도 피해 갈 수 있지만 교통사고는 그렇지 못하다.

아프리카에서는 교통사고가 많이 발생한다. 정확한 통계를 내는 나라가 많지 않기 때문에 수치로 나타낼 수는 없지만, 그간의 경험에서 단언할 수 있다.

부두부람 캠프에서 조사를 시작하기 전에도 모잠비크와 가나에서 모두 합해 3년 정도 생활했는데, 그동안 세 차례 교통사고에 말려들었다. 1년에 한 번 정도였다.

'말려들었다'라고 한 것은 모두 내가 운전했던 사고가 아니었기 때문이다. 이 조사 기간 중에도 이 '1년에 한 번 교통사고에 말려든다'는 전혀 반갑지 않은 법칙이 그대로 적용되었다

내 차를 따로 갖고 있지 않았던 나는 버스를 자주 이용했다. 덧

붙여 설명하면 가나에서 운행되는 버스 대부분은 일본이나 다른 아시아 국가들에서 더 이상 타지 않는 마이크로버스나 원박스카를 수입해서 수리한 것이다. 들려오는 얘기로는 인도인, 레바논인 무역상이 이런 중고차(폐차?) 매매를 많이 하고 있는 듯했다.

이러한 차량에는 '사쿠라 유치원', '야마다 철공소', '스즈키 상점' 등과 같은 일본어 문구가 그대로 남아 있기도 했다. 일본에서 폐차된 이 차들은 무심하게 시커먼 매연을 내뿜으며 달린다.

버스는 운행 시간표가 따로 없다. 버스에 사람이 가득 찰 때가 바로 출발 시간이다.

버스 기사와 차장이 한 팀으로 움직이는데, 한 번 이동으로 최대의 매상을 올리기 위해 차에 승객을 넣을 수 있는 만큼 구겨 넣는다. 안전벨트같이 기특한 장치는 없다.

그리고 버스는 맹렬한 속도로 내달린다. 아프리카는 수도를 벗어나면 비포장도로 일색인데, 이런 조건에서 제대로 정비도 하지 않은 차를 마구 내달리면 당연히 교통사고가 많이 발생할 수밖에 없다.

교통사고에 말려든 그날, 나는 가나 체류 비자를 연장하기 위해 아침 일찍 캠프를 나섰다. 수도 아크라에서 서류 수속을 마친 후 캠프로 돌아오기 위해 콩나물시루 같은 버스에 몸을 욱여넣었다.

버스는 수도의 혼잡한 도로를 벗어나 캠프로 향하는 유일한 길인 간선 도로에 들어섰다. 이 길은 서아프리카의 코트디부아르, 가나, 토고, 베냉 등의 나라들을 동서로 횡단하는 중요한 도로로, 울퉁불퉁하긴 하지만 그래도 아스팔트로 포장되어 있어 시원하게 뚫린 편이었다. 그러다 보니 이 도로에 들어선 트럭, 버스, 승용차 들은 어느 누구 할 것 없이 살인적인 스피드로 달리기 마련이었다.

그날 내가 탔던 버스도, 이 간선 도로를 맹렬한 스피드로 날아가듯 달리던 중이었다.

그러다가 커브 길에 들어서는 곳에서 '펑' 하는 파열음이 들리는 동시에 버스가 한쪽으로 급속하게 쏠리기 시작했다.

여기저기에서 승객들의 비명이 들려왔다.

버스 기사는 핸들을 좌우로 꺾으며 중심을 잡으려고 안간힘을 썼지만 잘되지 않는 모양이었다. 급브레이크를 밟아도 아시아 이 나라 저 나라에서 폐차될 정도로 닳고 닳은 버스의 브레이크는, 승객을 수십 명이나 태우고 내달리던 버스를 멈추기엔 역부족이었다.

버스는 커브를 안전히 지나지 못하고 도로 밖으로 튀어나가 승객들의 비명 소리와 함께 키 큰 풀숲에 처박히면서 겨우 멈춰 섰다.

완전히 옆으로 구르는 일은 피했지만, 왼쪽으로 크게 기울어진 버스 안에서 승객들은 얼기설기 뒤엉킨 상태가 되었다.

버스 기사가 차 밖으로 탈출하여 버스 오른쪽에 있는 문을 힘겹게 열고 승객들을 구조하기 시작했다. 다행히 크게 다친 승객은 없는 듯했다.

이런 큰 사고를 당한 직후임에도 버스 기사에게 뭐라고 하는 사람이 없었고, 모두들 아무 일도 없었다는 듯이 각자 간선 도로로 나가 다른 버스를 잡으려 하고 있었다.

버스 기사와 차장은 승객들보다도 차가 얼마나 부서졌는지를 더 걱정하는 듯 타이어를 심각하게 들여다보고 있었다. 어깨너머로 엿보니 왼쪽 뒤 타이어가 터져 있는 것 아닌가!

버스 기사에게 물어보니 전날부터 뒤 타이어 바람이 좀 빠져 있는 느낌이었는데, 별 문제 없다고 판단해서 언제나처럼 운전을 했다고 한다. 미안한 기색도 없이 말하는 버스 기사를 보고 있자니 화를 낼 기운도 사라졌다.

타이어에 이상이 있다고 인지했음에도 왜 그대로 버스를 운행한 거지? 그리고 왜 그렇게 속도를 낸 거야? 그것도 열 명이 넘는 승객을 태운 채!

이번에는 다행히도 사망자나 중상자가 나오지 않았지만, 비슷한 상황이 또 일어난다고 하더라도 이들은 이번과 다름없이 위험한 운전을 강행할 것이다.

이런 상황은 가나라는 나라에 국한된 특수한 상황이 아니었다.

이곳 아프리카에서는 '목숨 값'이 저렴하다.

대중교통이 발달하지 않은 아프리카에서는, 어느 정도 돈을 갖고 있는 사람이라면 누구나 '마이카(my car)'를 구입한다. 합승 버스를 이용하는 사람은 차를 살 경제적 여유가 없는 사람들이다.

이들 중 생명 보험에 가입한 사람은 없다. 버스 소유주 또한 혹시 모를 사고에 대비해서 보험에 든다는 발상은 하지 않는다. 당연한 일이지만, 승객이 사망하거나 중상을 입어도 위자료나 치료비가 나오는 일이 없다.

최소한의 투자로 본래의 수명을 다한 차를 구입해 계속 돌리면서 가능한 한 최대의 매상을 뽑아낸다. 여기에는 '승객의 안전' 같은 요소가 포함될 여지가 없는 것이다.

버스 기사는 이 버스도 타이어를 교체한 뒤 계속 사용한다고 했다.

즐거운 시간 – 연구자라는 입장에서 벗어나서

여기까지 읽다 보면 조사 중에는 힘든 경험만 한 것처럼 비춰질지도 모르겠다. 하지만 그럭저럭 즐거운 일도 꽤 있었다.

나에게 가장 즐거운 시간은 캠프에 있는 '스포츠 바'에서 축구 경기를 보는 일이었다.

물론 스포츠 바라고 해도 어디까지나 캠프 스타일의 소박한 곳으로, 오두막 같은 술집 안에 낡은 텔레비전 한 대를 놓고 케이블 텔레비전 수신기를 연결한 것뿐이었다. 하지만 그곳에 가면 인기 있는 유럽 축구 리그의 시합을 볼 수 있었다.

라이베리아는 1990년대 이탈리아의 AC 밀란에서 대활약한 조지 웨아(George Weah)라는 플레이어를 배출할 만큼 축구에 대한 열기가 높다. 내가 캠프에 머무는 동안은 영국 프리미어 리그가 가장 큰 인기를 차지했는데 대부분의 남자들이 자신이 응원하는 팀이 있을 정도였다.

주말 늦은 오후면 미지근한 스타 맥주로 목을 축이며 캠프 주민들과 함께 축구 경기를 관전하는 것이 어느새 나에게 더할 나위 없는 사치로 자리 잡았다.

캠프에는 라이베리아 난민으로 구성된 축구 팀이 여럿 있었는데, 고모아 지역 리그에 출전하기도 했다. 인터뷰한 상대가 축구 팀에 소속된 경우도 많아서 나도 종종 이들의 시합을 보러 가기도 했다.

UNHCR이 이 지역 축구 리그를 일부 지원하고 있어서 선수들은 유니폼을 맞춰 입고 외부에서 심판을 부르는 등 각 팀들이 본격적으로 운영되고 있었다.

시합 장소는 캠프에서 꽤 가까운, 울퉁불퉁하게 흙으로 뒤덮인 그라운드였지만, 시합이 열릴 때마다 꽤 많은 관객과 서포터즈가 모여들어 상당한 열기 속에 경기가 진행되었다. 흥분한 서포터즈가 심판에게 격하게 클레임을 걸거나, 물건을 던지는 일도 있어 경기가 종종 중단되기도 했다.

이러한 소소한 트러블을 제외하면 비교적 평온하게 운영되는 축구 리그였는데, 가나 정부의 통지에 따라 난민에 대해서는 '특정 민족만으로 팀을 구성하는 것은 금지'되어 있었다.

그 이유를 캠프 매니저에게 물어보자, 역시나 라이베리아 내전과 관련된 이유였다.

이미 여러 차례 설명했지만, 라이베리아 내전 중에는 특정 민족으로 구성된 무장 조직이 생겨났고, 민족 간 극심한 대립을 일으켜 왔다. 내가 캠프에서 지내던 때는 2003년 내전이 종식된 후로부터 5년 이상이 지난 때이기도 해서 갈등이 눈에 띄게 남아 있는 것은 아니었지만, 캠프 매니저는 여전히 경계하며 설명했다.

"민족 간에 시합이 벌어지면 필요 이상으로 흥분해서 난투극이나 폭동으로 이어지기 십상이야. 실제로 2년 전에도 민족 팀끼리 가진 축구 시합에서, 경기가 끝난 후에 큰 난투극이 벌어졌거든."

라이베리아 내전은 종결되었지만 이런 부분에서 아직 분쟁의 여파가 남아 있음을 알 수 있었다.

꼭 오락을 위한 것은 아니었지만, 캠프의 행사나 이벤트가 있을 때는 시간이 되는 한 참가하려고 했다. 캠프 생활에 익숙해지고 많은 난민들과 친해진다는 목적이었다.

주말에는 주로 교회 예배에 참가했다.

난 크리스천은 아니지만 인터뷰 상대나 연구 보조원으로부터 "교회에 나와. 목사님에게 널 소개하고 싶어."라며 초대받는 경우에는 꼭 그 초대에 응했다.

교회에서는 예배에 앞서 나와 같은 방문자를 소개하는 시간이 꼭 주어졌는데, 불특정 다수의 난민들에게 내가 누구이며 어떤 이유로 캠프에서 지내고 있는지를 알릴 수 있는 매우 좋은 기회였다.

그 외에 장례식에도 참석하였고, 결혼식이나 생일 파티에 초대되면 가능한 한 참석하려고 했다.

* * *

이런 생활을 반년이나 계속하면서 조금씩 주변 사람들이 나를 보는 시선이나 대하는 태도가 달라지는 것을 느꼈다.

무엇보다도 캠프 안을 돌아다닐 때 여기저기에서 말을 걸어오는 사람이 늘어났다.

전에는 '미스터 나오'라고 어색하게 부르던 사람들도 어느새 친밀감을 담아 '나오'라고 불러 주었고, "어때, 연구는 잘돼 가?"라며 묻기도 했다.

물론 그렇다고 해서 내가 이 부두부람 캠프의 커뮤니티에 '받아들여졌다'는 것은 아니다. 단, 캠프에서 보내는 나날이 하루하루 늘어날수록 조사 활동이 수월해진 것은 사실이었다.

그런 의미에서 보면 적어도 '외부인인 내가 캠프에서 조사 활동을 하는 것을 많은 난민들이 허용해 주었다'라고 말할 수는 있을 것이다.

연구 보조원 중 한 명인 조셉이, 내가 캠프에서 생활하기 시작한 지 10개월 정도 지났을 때 들려준 우스운 이야기가 있다.

조사를 시작했던 당시 내 정체에 대해 난민들 사이에 이런저런 소문이 떠돌았다고 한다. 당시에는 이 '동양인 침입자'를 둘러싼 소문 중 유력한 설로 '중국에서 온 사업가', '가나 정부에서 난민을 감시하기 위해 침투시킨 스파이', '재정착을 위해 파견된 조사관' 등이 있었던 모양이었다.

거의 반년이 걸려서야 나는 겨우 '난민의 경제생활을 조사하는 학생'이라는 정체에 다다를 수 있었다.

8

본국 귀환의 딜레마

'조국으로 돌아간다는 것'은 과연 해피엔딩일까?

"나오, 나 라이베리아로 돌아가는 편이 나을까?"

"돌아가고 싶어?"

"아니, 그런 건 아닌데……. 그래도 UNHCR이나 가나 정부는 그렇게 하는 게 좋을 거래. 어떻게 생각해?"

현지 조사 중에 나와 난민들이 몇 번이고 나눈 대화다.

당시 부두부람 캠프에는 내 조사 활동과 거의 동시에 진행되고 있던 중대한 이벤트가 있었는데, 바로 '본국 귀환'이었다.

내 연구 주제였던 캠프 내 난민의 경제 활동과는 직접적인 관계가 없는 토픽이었지만 캠프 주민에게는 그야말로 큰 사건이 아닐 수 없었다. 부두부람에 머무는 동안 난민들로부터 상담을 부탁받는 일도 많았는데, 나는 그들의 출신국 귀환 문제도 조사 대상으로 포함하기로 했다.

* * *

제4장에서 설명한 것처럼, '난민이 된 사람을 난민에서 벗어나게 하는 수단'으로 UNHCR이 정한 세 가지 '영구적 해결 방안'이 있다. 다시 한번 짚고 넘어가면, 첫 번째가 내전 등이 종료됨에 따

라 난민이 자발적으로 출신국에 돌아가는 '자발적 귀환(voluntary repatriation)[주]', 두 번째가 피난처인 수용국에서 정착할 길을 찾아 그 후에도 그 나라에 계속 살게 되는 '지역 통합(local integration)', 그리고 마지막이 출신국도 수용국도 아닌 제3국으로 가 그곳에서 정착하게 되는 '재정착(resettlement)'이다.

이 세 가지 영구적 해결 방안 중에 원조 기관들이 '최선'이라고 여기는 것이 '본국 귀환'이다.

난민에게 출신국 귀환이 최선의 선택이라는 견해가 세계적으로 퍼져 나가게 된 것은 1990년대 이후의 일이다.

UNHCR이 설립된 제2차 세계 대전 직후, 동서 냉전 구도가 세계를 양분했던 시대에는 '재정착'이 영구적 해결 방안 중에서도 가장 인기 있는 선택지였다.

이는 당시 공산주의와 자본주의의 이데올로기 대립의 한 면을 반영한 것이었다. 당시 서방의 자유주의 진영은 공산주의 국가(주로 동유럽)로부터 망명한 사람들을 적극적으로 받아들였다. 공산주의의 '실패'를 선전하는 정치적 수단으로 이 '재정착'이 이용된 것이었다.

주   자발적 귀환(voluntary repatriation)은 출신국 귀환, 본국 귀환 등 비슷한 용어로 병용되기도 한다.

그러나 냉전의 불씨가 유럽 지역을 넘어 아프리카와 아시아 등 제3세계에까지 번지게 되었고, 개발도상국에 난민이 급격하게 증가하기 시작한 1980년대에 들어서자 UNHCR 및 서방의 공여국들은 난민 수용국에서의 '지역 통합'을 추천하기 시작했다.

그러나 경제적 뒷받침이 빈약한 개발도상국의 지지를 얻지 못한 채 '수용국으로의 지역 통합' 추진이 좌절되면서, 1990년대에는 '자발적 귀환'이 '난민에게 최선의 선택'으로 부상하게 된다. 1980년대 후반 냉전이 끝나면서 동서 양쪽 진영의 복잡한 정치적 사정이 사라진 것 또한 자발적 귀환을 추진하기에 쉬운 환경이 조성되는 데 영향을 주었다.

당시 UNHCR 최고대표를 지냈던 오가타 사다코는 1990년대를 '자발적 귀환을 위한 10년(The Decade for Voluntary Repatriation)'으로 선언했고, 세계 각지에서 대대적인 자발적 귀환 캠페인이 전개되었다.

난민 문제의 '가장 적절한 해결책'이 변해 온 역사와 그 배경을 이렇게 들여다보면 UNHCR과 난민의 존재가 당시의 국제 정치의 역학에 얼마나 영향을 받아 왔는지가 분명해진다.

UNHCR은 '비정치적 기구(Non-political organization)'로 스스로를 설명하고 있다. 'UN 기관'으로서 독자적인 정치 신조나 색채를 지니지 않는다는 것이지만, 그렇다고 해서 정치적인 영향으로부터 자유로울 수 있다는 것은 아니다.

오히려 UNHCR만큼 국제 정치의 격한 흐름의 중심에 서서 활동하는 UN 기관이 또 있을까 싶은 정도다. 난민 문제는 많든 적든 필히 정치적인 요소가 포함될 수밖에 없기 때문이다.

난민이 박해, 분쟁, 폭력 등으로 인해 강제적으로 조국을 등져야만 했던 사람들이라는 사실을 되새겨 본다면 본국으로 돌아가는 것이 '이상적인' 해결법이라는 것은 어떤 의미에서는 이해할 수 있을 것이다. 또한 조국에서 떠나야만 했던 사람들의 귀국은 노스텔직한 감회를 안겨 준다.

이전에 살던 동네에 돌아가, 그리웠던 내 집과 오랜 세월 친하게 지냈던 커뮤니티 속에서 예전의 평온했던 일상을 되찾는다는 난민의 '본국 귀환'은 어딘가 감상적인 느낌을 떠올리게 한다.

본국 귀환은 영어로 'Homecoming'이라고도 표현되는데 이 'Home'에는 '자신을 조건 없이 받아들여 주는 안전하고 쾌적한 장소'라는 뉘앙스가 들어 있다.

이러한 긍정적인 이미지와 함께 '조국으로 귀환하는 것이야말로 난민을 위한 해피엔딩'이라고 보는 시각은, 지금도 원조 관계자들 사이에서 널리 공유되고 있다.

그러나 많은 난민에게 이 '본국 귀환'은 그렇게 간단하기만 한 선택지는 아니다.

같은 얘기를 반복하는 게 되지만, 현재 세계에는 2,500만 명이 넘는 난민이 있고 이들 대부분은 흔히 말하는 '장기화된 난민 상태'에 처해 있다. 평균적으로 26년이라는 세월을 난민으로 수용국에서 지내고 있다.

이렇게나 긴 세월이 흐르면 전에 'Home'이라고 부르던 곳이 떠나가야만 했던 당시 상태 그대로 남아 있을 가능성은 전무하다.

전에 살던 집은 낡고 무너져 내렸거나, 다른 사람이 살고 있을 것이다. 전에 살던 마을은 옛 모습을 찾아볼 수 없이 바뀌고, 자신들이 어울리던 지역 사회와 이웃 또한 시간이 흐르면서 전혀 다른 모습으로 변했을 것이다.

몇 십 년간 고향을 떠나야 했고, 그 세월 동안 생면부지의 땅에서 난민으로 살아온 시간은 그만큼 무거운 것이다.

본래 난민 생활은 '일시적'이어야 하지만, 이 '일시적' 생활이 장기간 지속된다면 과연 '일시적'이라고 할 수 있을까?

이 같은 사정을 감안하더라도 난민에게 고향 땅을 밟는다는 것이 과연 '해피엔딩'인 걸까?

그 답은 알 수 없다. 그러나 난민으로 지내는 기간이 장기화될수록 UNHCR 및 수용국 정부의 난민에 대한 본국 귀환 압박이 강해지게 된다. 그 배경에는 장기화 난민들에 대한 지원을 계속하는 것이 상당한 부담으로 작용한다는 경제적인 사정이 자리하고 있다.

일반적으로, 난민에 대한 인도적 지원이 가장 많이 모여드는 곳은 세간의 관심과 동정이 쏠리는 긴급 사태가 발생한 곳이다. 요즘 한창 심각한 상황에 놓인 시리아 난민의 대량 탈출 사례를 생각해 보면 이해하기 쉬울 것이다.

'장기화된 난민 상태'는 이와는 정반대의 상황을 말한다.

이미 이들의 피난을 받아 준 수용국에서 몇 년(혹은 몇 십 년)을 보낸 난민에 대한 세간의 관심은 거의 사라졌고, 기삿거리를 찾아 미디어가 찾아오는 일도 없다. 이들의 이야기가 미디어에 오르는 일은 그래 봐야 매년 6월 20일에 돌아오는 '세계 난민의 날' 즈음이 전부다.

그 결과 공여국으로부터의 원조가 축소되고, 그로 인해 수용국 정부 또한 난민에 대한 지원을 줄여 갈 수밖에 없다.

현재 세계 난민의 약 90%는 아프리카, 아시아, 중동 등 흔히 말하는 개발도상국에 머물고 있다. 경제적인 여유가 없는 수용국은 난민을 수용하는 한편, 공여국으로부터 받는 원조의 일부를 난민을 받아들인 지역 사회에 지원하는 식으로, 일종의 교환이 성립하게 된다. 좀 더 직설적으로 얘기하자면 난민을 둘러싸고 도상국인 수용국과 선진국인 공여국이 '거래'를 하고 있는 것이다.

그러나 공여국의 관심이 떠난 '장기화된 난민'에게는 지원을 모으기가 어렵고, 그렇게 되면 난민 수용국은 '원조받는 맛'을 기대할 수 없게 된다. 따라서 이 '거래'는 더 이상 성립하지 않게 된다.

애초에 경제적·사회적 자원이 희박하여 이런저런 개발 난제에 고심하는 여러 난민 수용국들의 정부에, 장기화된 난민들은 '엉덩이가 무거운 손님'에 지나지 않게 되고 가능한 한 조속히 떠나 줬으면 하는 존재가 되고 마는 것이다.

일관성 없는 캠페인

부두부람 캠프에서 생활하는 난민들은 앞서 말한 장기화된 난민 상태의 전형적인 사례로, 2003년 내전이 종결된 후 UNHCR과 가나 정부는 이들에게 본국으로 귀환할 것을 강하게 추천하고 있었다.

UNHCR은 2004년에서 2007년에 걸쳐 대규모 '라이베리아 난민 본국 귀환 추진 프로젝트'를 실시했고, 이들을 조국인 라이베리아로 귀국시키기 위해 여러 가지 방법을 동원했다.

그러나 대대적으로 진행된 캠페인이었음에도, 프로젝트가 실시된 3년간 가나에서 라이베리아로 귀국한 난민은 2004년 당시 부두부람 캠프에 체류하던 4만 명의 25%인 1만 명 정도에 그쳤다.

대대적인 본국 귀환 추진 프로젝트가 별 소득 없이 끝나자, UNHCR은 바로 차선책으로 '영구적 해결 방안'의 하나인 '지역 통합'으로 초점을 옮겼다. '본국 귀환'에 관심을 나타내지 않는 라이베리아 난민을 현재 수용국인 가나에 정착시키는 것으로, 20년이나 지속되어 온 라이베리아 난민 문제에 종지부를 찍겠다는 계획이었다.

그러나 가나 정부는 당시 재정착 프로젝트 후 잔류 중인 3만 명의 라이베리아 난민을 '지역 통합'으로 영구적으로 수용하는 방안에 난색을 표했다.

어느덧 라이베리아 난민에 대한 인도적 지원의 '콩고물'을 더 이상 기대할 수 없음을 알게 된 가나 정부는 본국 귀환을 거부하는 라이베리아 난민을 향해 매우 냉담한 태도를 취했다.

조사 기간 중 나는 난민 문제를 담당하는 내무부 직속 가나 난민국 국장과 여러 차례 인터뷰를 가졌지만 그는 "UNHCR이 제안한 '지역 통합'은 라이베리아 난민 '떠넘기기'다."라며 UNHCR을 강력히 비판했다.

2007년에 가나 난민국과 UNHCR은 라이베리아 난민의 '지역 통합'을 놓고 수차례 논의했지만, 양측의 주장은 평행선을 달릴 뿐이었다.

그러나 제6장에서 설명한 2008년 2월부터 3월 사이에 캠프에서 발생한 시위 사태를 계기로 라이베리아 난민을 둘러싼 정세가 급변했다. 가나 정부의 해산 명령을 무시한 채 대규모 항의 시위를 계속한 난민에게 분노한 가나 정부는, 시위에 참가한 난민을 체포·구류하는 것에 그치지 않고 가나에 머물고 있는 모든 라이베리아 난민에 대한 국외 퇴거 명령을 내린 것이다.

2008년 4월에는 내무부의 바텔(Peter Kwamena Bartels) 장관이 기자 회견에서 "은혜도 모르는 라이베리아 난민은 지금 즉시 라이베리아로 돌아가라."라고 말했고, 회견 석상에서 "조만간 부두부람 캠프를 폐쇄할 것이다. 그래도 라이베리아에 돌아가지 않는 난민들은 국내에 별도의 수용 시설을 설치하고 그곳에서 관리할 것이다."라는 성명을 발표하기에 이르렀다.(그러나 결국 캠프 폐쇄는 실시되지 않았다.)

UNHCR은 가나 국내에서 라이베리아 난민에 대한 비난이 가장 거세진 이 기회를 공교히 활용했다. 2007년에 이제 막 종료된 본국 귀환 추진 프로젝트를 재개하여 귀환하는 난민에게는 라이베리아까지 무료로 이동할 수 있도록 운송·교통 서비스를 지원했고, 한 명당 100달러의 지원금(이때까지는 난민에 대한 지원금이 1인당 고작 5달러였다)을 약속하며 다시 한번 본국 귀환 추진에 나선 것이었다.

UNHCR은 가나에 머물고 있는 난민의 수가 대폭 감소하면 난민의 '지역 통합' 안에 대한 가나 정부의 태도도 유연해지지 않을까 하는 심산으로, 캠프에 설치된 게시판을 통해 "이번 본국 귀환 기회를 최대한 이용하여 각자의 미래에 대해 합리적인 결단을 내립시다."라며 난민들에게 재차 호소했다.

2008년 4월에 재개된 본국 귀환 추진 프로젝트의 접수 마감은 처음에는 2008년 9월까지였으나, 이를 두 차례 연장하여 최종적

257

으로는 2009년 4월까지였다. 1년에 걸쳐 본국 귀환 프로젝트를 실시한 것이다.

가나 정부의 '라이베리아 난민에 대한 퇴거 명령'과 UNHCR이 거듭 본국 귀환을 촉진한 결과, 1년 만에 남은 캠프 주민의 40% 정도인 1만 명이 라이베리아 귀국을 결정했다.

여기까지 읽은 독자 중에는 UNHCR의 본국 귀환 지원이 '기간 한정'으로 실시된 것에 의문을 품는 분도 있을 것이다.

본래 '본국 귀환'이란 난민이 스스로 결심한다면 언제든 실현

본국 귀환을 준비하는 난민들

가능한 선택지다.

　그러나 난민이 UNHCR에 전혀 의지하지 않고 자력으로 가나에서 라이베리아에 돌아가려 한다면, 한 명당 300달러 정도의 교통비를 자비로 부담해야 한다. 만약 부부와 아이들 네 명 정도의 평균적인 가족 구성인 경우, 교통비만 해도 2,000달러 가까이 필요하다. 부두부람 캠프에서 살고 있는 난민 대부분에겐 엄청나게 큰 금액이다. 또한 본국으로 귀환한 후에는 집세나 가재도구 구입 등 더 많은 지출이 기다리고 있다.

　이런 이유로 난민들은 UNHCR의 지원에 기댈 수밖에 없다. 그러나 UNHCR의 입장에서 본다면, 예산은 제한되어 있어 수만 명에 달하는 난민 한 사람 한 사람에게 무상으로 이동을 제공하거나, 귀환자 모두에게 지불할 정착 지원금을 확보하기에는 어려움이 있다. 따라서 UNHCR이 실시하는 본국 귀환은 기간 한정 프로젝트로 실시되는 실정이다.

틀어지는 부부 관계

　이토록 '본국 귀환'의 압박이 강해지고, 가나에서의 앞날이 불투명하더라도, 난민들에게 오랜 세월 떠나 있던 조국 라이베리아로의 귀국을 결심하는 것은 결코 쉬운 일이 아니었다.

조사 기간 중, 상당히 유능한 연구 보조원으로 나를 도와준 '시터'와 '존' 부부도 점점 심해지는 본국 귀환 압박 속에 라이베리아에 돌아갈지 가나에 남을지 고민하며 마음이 흔들리고 있었다.

2009년 당시 시터와 존은 둘 다 30대 중반으로, 부두부람 캠프에서 만나 결혼한, 흔히 말하는 '캠프 커플'이었다. 이들 사이에는 여섯 살 된 '루카스'라는 아들이 있었다.

시터에게는 내전 중에 반정부군 병사가 친한 친구를 참살하는 현장을 목격하고, 이 병사가 자신을 입막음하려 할지도 모른다는 공포로 트라우마를 겪으며 라이베리아를 탈출한 사정이 있었다.

남편인 존은 중학교 수학 선생님이었는데, 살고 있던 지역으로까지 내전이 확대되면서 우선 코트디부아르로 몸을 피했다. 그곳에서 몇 년을 지낸 후, 부두부람 캠프에 오게 되었다.

이 둘은 이미 10년 넘게 이곳 부두부람 캠프에서 지내고 있었다.

본국 귀환 캠페인이 한창이던 2009년 1월, 시터가 내게 연락해 일요일 예배가 끝난 후 집에 와 달라고 했다. 본국 귀환에 대해 존과 상의할 예정인데 이때 내가 동석하여 의견을 들려주었으면 한다는 것이었다.

"내가 같이 있어도 별로 도움이 안 될 거야."

거절의 뜻을 보였지만, 그녀는 물러서지 않았다.

"넌 제3자니까 객관적인 입장에서 생각할 수 있잖아. 본국 귀환 얘기를 하다 보면 나도 존도 감정적이 되어 버려. 그래서 이해관계가 없는 사람이 어느 쪽 말이 맞는지 판단해 줬으면 해."

그녀의 열의에 설득된 나는 결국 요청을 승낙했다.

논의는 점점 틀어지기 시작했다.

시터는 이대로 가나에 있으면 앞날이 더더욱 악화될 뿐이라는 견해로, 본국 귀환을 강하게 주장하고 있었다. 또한 라이베리아에 남아 있는 오빠가 두 명이나 있기 때문에 귀국해도 오빠들에게 의지하면 그럭저럭 생활을 다시 시작할 수 있을 것이라고 했다.

한편 존은 그래도 가나에 남기를 강하게 주장하고 있었다. 그래서 이 둘의 사이가 점점 벌어지고 있던 것이다.

마음을 바꿀 기미가 보이지 않는 존에게, 평소에는 감정을 잘 내보이지 않는 시터가 강한 어조로 공격했다.

"나는 캠프 생활이 이제 지긋지긋해! 가나 정부는 라이베리아 난민 모두에게 고향으로 돌아가라고 하잖아! 이런 나라에서 계속 있어 봐야 좋을 거 하나도 없어. UNHCR이 본국 귀환 추진 프로젝트로 지원해 줄 때 꼭 돌아가야 한다고!"

캠프 주민 중에는 드물게 안경을 쓴 모습이 만화 '사자에 씨'에 나오는 마스오 씨를 꼭 닮은 존은, 평소에는 부인인 시터의 요구를 대부분 그대로 받아들이는 마음이 너그러운 남자였지만, 이날만은 시터의 말에 반대했다.

"지금 라이베리아에서 제대로 된 일자리를 찾는다는 게 쉽지 않을 거야. 캠프에 있으면 그래도 수입은 있으니까 먹고살 수는 있잖아. 게다가 이번 본국 귀환 캠페인이 끝나면 남겨진 난민들에게 재정착 기회가 주어질지도 모른다는 소문도 있어. 귀국은 좀 더 생각해 본 후에 결정해도 된다고 난 생각해."

당시 존은 부두부람 캠프에서 UNHCR이 지원하는 초등학교와 중학교에서 산수와 수학을 가르치고 있었기 때문에 적으나마 정기적인 수입이 있었다.

또한 그에게 정착은 난민이기 때문에 얻을 수 있는 찬스이기 때문에, 라이베리아에 돌아가 난민 지위를 잃게 되면 당연히 그 가능성이 사라질 것이라고 생각하고 있었다. 당시 라이베리아 난민에게 재정착 가능성은 극히 희박했지만, 그럼에도 존과 같은 생각을 하는 난민들이 적지 않았다.

시터는 다시 한번 남편의 말에 달려들었다.

"당신, 아직도 그런 뜬구름 잡는 말을 하는 거야? 재정착이 될 가능성이 없다고 UNHCR도 잘라 말했잖아. 우린 가나 사람이 아니니까 몇 년이고 여기에 살고 있는 자체가 이상하다고. 가서 힘들 거라고 해도 난 내 나라에서 힘든 게 훨씬 나아."

한 달 정도가 지났을까. 본국 귀환을 둘러싼 대립은 시터의 강한 의지가 존을 압도하면서 끝을 봤다. 내가 동석한 가족회의가 끝난 후 시터는 라이베리아에 남아 있는 오빠들에게 연락을 했고, 일자리가 구해질 때까지 와 있어도 좋다는 것은 물론, 오빠들이 존의 일자리 찾기를 도와주겠다는 약속까지 받았다.

거기에다가 부두부람 캠프에서 미국이나 캐나다로 재정착한 친구들에게 연락하여 라이베리아로 돌아간 후를 위한 생활 자금으로 500달러를 조달받는 데도 성공했다.

시터는 존을 설득하기 위해 상당히 구체적인 행동을 취한 것이다.

존에게도 변화가 있었다.

'본국 귀환'으로 그가 근무하던 학교의 재학생 수가 줄어 다음 달부터 교직원 전원의 급여를 30% 삭감한다는 발표가 있었다. 그 후에도 '본국 귀환'이 계속될 상황을 생각한다면 앞으로 또 급여가 삭감될 가능성이 있었고, 이에 존도 결국 본국 귀환에 동의한 것이었다.

"무슨 일이 있어도 난 돌아가지 않을 거야."

UNHCR이 강력하게 본국 귀환을 추진하던 중에도 부두부람 캠프에서 지내는 난민 중 반 이상은 가나에 남기로 결심했다. 라이베리아로 돌아가더라도 살 곳을 찾고 생계 수단을 마련할 자신이 없다는 것이 가장 큰 이유였다.

이 책을 읽는 분들 중에는 "귀국하면 자국 정부가 집이나 일자리를 찾아 주지 않아?"라고 생각하는 분이 계실지도 모르겠다.

원래 국가가 이런 역할을 담당해야 하는 것은 맞지만, 현실적으로 난민이 발생하게 된 개발도상국의 정부가 이런 역할을 해낸다는 것은 쉬운 일이 아니다. 하물며 세계 최빈국 중 한 곳인, 게다가 장기간 내전에 부서지고 찢긴 라이베리아의 정부는 수만 명에 달하는 규모의 귀환 난민에게 물질적 지원을 할 여력이 없었다. 난민들은 라이베리아에 돌아가면 스스로 살 곳을 찾고, 생계 수단을 마련해야 했다.

나는 이 부두부람 캠프에서 지내기 전인 2007년과 그 후인 2009년에 라이베리아를 방문했는데, 수도인 몬로비아는 다른 아프리카 국가와 마찬가지로 도시에 인구가 몰려드는 것과 동시에 주변 국가에서 속속 돌아오는 난민들로 인해 주거 시설이 매우 부족한 상황이었다.

수급의 균형이 무너지면서 집세는 당연히 비싸졌다. 몬로비아 중심부에 자리한 작은 아파트의 방 하나를 빌리는 데 한 달에 20달러 이하로는 구할 수가 없었고, 더욱이 집 한 채를 빌려야 한다면 월세로 적어도 매월 100달러는 지불해야만 했다.(2009년 당시 기준)

그리고 서아프리카에서는 흔한 관례인데, 입주할 때는 적어도 6개월 치 월세를 선납해야 한다. UNHCR이 본국 귀환자에게 정착금 조로 지급하는 돈은 100달러로, 이것만으로는 월세를 내기에도 부족할 따름이었다.

　난민에게, 돌아간 후에 살 곳이 있는지 없는지는 본국 귀환을 고려할 때 결정적으로 중요한 요소가 된다. 시터처럼 가족의 지원을 기대할 수 있는 난민은 오히려 소수의 운 좋은 사람들인 것이다.

　본국 귀환 후 생계 수단을 마련하는 것 또한 난민들에겐 큰 불안 요소였다. 특히 특별한 기술이나 자격 없이 지금까지 캠프에서 푼돈 벌이에 불과한 행상이나, 다른 난민이 받는 지원을 나눠 얻으며 생계를 유지해 온 빈곤층 난민의 경우 라이베리아로 돌아간다고 해도 '어떻게 먹고살아야 하나?' 하는 절실한 문제를 마주할 수밖에 없는 것이다.

　예를 들어 제3장에서 소개한, 하루하루 먹고살 것을 걱정해야 하는 싱글 맘 어네스티와 아이들에게 도움의 손을 내민 것은 오랜 세월 캠프에서 동고동락한 이웃 난민들이었다.

　본국 귀환은 이러한 '비공식적인 안전망'인 커뮤니티와의 이별을 의미했고, 이는 빈곤층 난민이 라이베리아로 선뜻 돌아갈 수 없는 큰 이유 중 하나였다.

　주거와 생계 수단 마련이라는 실질적인 문제와는 별도로, 조국인 라이베리아로의 귀환을 전혀 고려하지 않는 가족들도 있었다.

　그 대부분은 내전 중 경험한 참상과 끔찍한 기억에서 벗어나지 못하는 난민들이었다.

그들에게 라이베리아 내전의 정전 협정은 고향 땅이 안심하고 살 수 있는 곳으로 돌아왔다는 의미가 아니었다.

그런 난민 중 한 명이 전쟁으로 미망인이 된 52세 여성 '낸시'였다.

남편은 새뮤얼 도 전 라이베리아 대통령과 가까운 사이로, 새뮤얼 도 정권 시절에 정부의 요직에 있었기 때문에 내전이 발생하자 가장 먼저 반란군 병사들의 표적이 되었다.

눈앞에서 남편과 세 살이 채 되지 못한 어린 막내가 잔인하게 죽임을 당하는 모습을 바라봐야만 했던 낸시는 반정부군 병사들에게 윤간당했고, 그 와중에 겨우 살아남은 큰딸만을 데리고 라이베리아를 탈출할 수 있었다.

이렇게 글로 쓰면 단 몇 줄로 간단히 정리되는 상황 같다. 하지만 낸시가 힘겹게 한 마디 한 마디 이야기를 이어 가던 그 모습까지 글을 통해 전달하기란 불가능할 것이다. 반정부군 병사가 그녀의 가족에게 얼마나 잔혹한 행위를 저질렀는지……. 나는 너무나도 처참한 내용에 '사람이, 어떻게 같은 사람에게 그토록 잔인해질 수 있단 말인가' 하고 생각하며 할 말을 잃었다.

낸시와의 첫 인터뷰에서 그녀의 비극적인 과거 이야기를 들은 직후였음에도 난 무신경하게 이렇게 묻고 말았다.

"라이베리아에 돌아갈 예정은 없는 거야?"

그녀의 표정은 어두워졌다. 그러나 조용하지만 확고한 어조로 이렇게 답했다.

"나는 무슨 일이 있어도 그 나라로는 돌아가지 않을 거야. 절대로."

"내 남편과 아이들을 죽인 자들이 지금 (라이베리아의) 군과 경찰이 되어 있어. 라이베리아는 작은 나라라서 우리가 귀국하면 바로 그자들의 귀에 소식이 들어가겠지. 그자들은 틀림없이 나와 내 딸을 '사냥하러' 올 거야(They will definitely hunt us)."

'사냥'이라는 단어를 사용한 순간 낸시의 작은 몸이 부들부들 떨리는 듯 보였다.

내전 당시 고작 여섯 살이었던 큰딸 '비비안'은 가나의 캠프에서 18년을 생활하며 어느새 어엿한 숙녀로 성장했지만, 가까이에서 살펴보면 입술 왼쪽에서 귀까지 가로로 긴 흉터가 남아 있었다. 반란군 병사 한 명이 칼로 아직 어린아이였던 비비안의 입을 찢으려고 했던 때에 얻은 상처라고 했다.

이 인터뷰가 끝나 갈 무렵 낸시가 갑자기 '딸꾹질' 같은 증세를 보였다. '딸꾹딸꾹' 하는 소리를 내던 낸시는 갑자기 "악!" 하며 비명을 질렀다.

그녀는 갑자기 통곡하며 앉아 있던 의자에서 바닥으로 굴러떨어졌다.

오랜 세월 가슴 깊은 곳에 억지로 꾹꾹 눌러 가며 참고 있었던 감당하기 힘든 커다란 슬픔이 봇물 터지듯 쏟아져 나오는 것 같은 엄청난 통곡이었다.

내 질문으로 인해 갑자기 폭발하듯 터져 나온 그녀의 감정에, 나는 달리 어찌할 도리가 없었다. 그저 그녀의 딸 비비안과 함께 낸시의 등을 쓸어내리며 그녀가 진정하기를 기다릴 수밖에 없었다.

아프리카 대륙의 분쟁 역사 중 라이베리아 내전이 가장 참혹한 전쟁 중 하나라고 일컬리는 것은 결코 과장된 얘기가 아니다.

낸시와 비비안이 입은 몸과 마음의 깊은 상처는 20년 가까운 세월이 흘러도 전혀 치유되지 않고, 계속해서 그녀들을 아프게 하고 있었다.

부두부람 캠프에는 이런 깊은 트라우마를 안고 살아가는 난민들이 적지 않았다. 그들에게 라이베리아 내전은 아직 완전히 끝나지 않았던 것이다. 아니, 끝날 수 없을 것이다.

그날 밤, 조사를 마치고 집에 돌아온 나는, 낸시에게 좀 더 신중하게 인터뷰를 했어야 하는 것 아니었나 생각했다.

이미 캠프에서 8개월 넘게 지내고 있었기에, 캠프 생활에 '익숙해져' 있었다.

난민들이 겪은 강렬한 과거 경험담도 매일같이 듣고 있자면, 작은 일들로는 놀라지 않게 된다.

이는 인도적 지원이나 난민 보호에 직접적으로 관여하는 원조 관계자나 연구자가 자신도 알지 못하는 사이에 어느새 겪게 되는 '병' 같은 것이었다.

상대의 심정을, 민감한 부분을 미리 살펴야 하는 내 안의 섬세한 안테나가 망가져 버린 것이었다.

난민 2세 – 조국은 낯선 나라

UNHCR이 강력하게 추진한 본국 귀환 추진 프로젝트가 한창이던 때, 생각지 못한 입장에 처하게 된 사람들이 있었다. 캠프 인구의 과반수를 차지하고 있던 청소년층(18세 이하) 난민들이었다.

이들 대부분은 아직 철들지 않은 어린 나이에 라이베리아를 떠나 가나로 피난 왔거나, 이 부두부람 캠프에서 태어난, 말하자면 난민 2세들이었다. 앞서 만나 본 시터와 존의 아들인 여섯 살 난 루카스도 그중 한 명이었다. 10대에 임신하는 일이 드물지 않은 캠프에서는 난민 3세인 아이들도 상당수 있었다.

'라이베리아=조국'이라는 감정이 희미한 어린 난민들에게 '본국 귀환' 추진 캠페인은 그저 이상한 것으로 비칠 뿐이었다.

라이베리아 땅을 밟아 본 적도 없는 이들에게, 라이베리아는 자

269

신의 민족적 뿌리라는 것 이상의 의미가 없었고, '본국 귀환'을 거절하는 반응을 보이는 사람도 많았다. 열여섯 살이 된 '케네스'도 그중 한 명이었다.

1992년에 부두부람 캠프에서 태어난 그는 지금까지 줄곧 캠프에서만 지내 왔다. 라이베리아에 가 본 적은 단 한 번도 없었다.

나는 케네스의 부모님, 특히 아버지인 '조지'와 몇 차례 인터뷰를 했는데, 조사 기간 중에 자주 이들의 집을 방문하곤 했다.

조지는 가나 정부가 난민에게 국외 퇴거 명령을 내린 2008년쯤부터 본국 귀환을 진지하게 고민하고 있었다.

이제 막 50대에 들어선 그는 "어차피 죽을 거라면 내 나라, 내 땅에서 죽는 것이 소원이야."라고 공공연히 말하며 가족들에게 귀국하자고 하고 있었다.

평균 수명이 60세가 채 되지 않는 당시의 라이베리아에서는 50대라고 하면 일본에서 생각하는 70~80대에 가깝다. 오랜 세월 고생하며 살아온 낯선 나라의 난민 캠프보다는 조국의 땅에서 생을 마감하고 싶다는 그의 심정이 이해되었다.

"가나에서는 정말 고생 많이 했어. 우리 집안은 라이베리아에서 땅을 갖고 있어서 계속 농사와 사냥으로 살아왔는데, 캠프에서는 둘 중 아무것도 할 수 없어. 할 수 없이 물건을 팔며 힘겹게 생계를 유지해 오고 있지만, 이제 이런 생활은 충분해. 게다가 계속 이렇게 가나에 있는다고 해서 뾰족한 수가 있는 것도 아니야. 이제 슬슬 (캠프 생활을 마칠) 때가 된 거지."

그날 저녁 무렵, 내가 조지의 집을 나설 때를 기다리기라도 한 것처럼 서아프리카 특유의 거센 스콜이 퍼붓기 시작했다. 하늘에 구멍이라도 뚫린 듯한 기세로 내리는 큰 비였다. 집 앞을 가로지르는 붉은 흙 도로의 양 옆으로는 이미 빗물로 만들어진 작은 강이 흐르고 있었다.

현관 앞에 서서 비가 그치기를 기다리던 내게 조지가 말했다.

"라이베리아의 우기는 이것보다 훨씬 엄청나지."

그는 그리운 듯 비가 내리는 하늘을 올려다봤다.

하지만 케네스는 아버지의 라이베리아를 향한 향수를 전혀 이해할 수 없었다. 조지와 이야기를 나누고 며칠 후, 케네스를 만났다.

"라이베리아에 돌아간다며? 기분이 어때?"

내 질문에 케네스는 매우 당혹스러운 얼굴을 했다.

"기분이 이상해. 라이베리아는 나한테는 그저 외국 같은 곳이야. 한 번 가 본 적도 없고, 아는 사람도 하나 없어. 친구들한테 들었는데 라이베리아는 가나보다도 발전이 더디다더라고. 수도인 몬로비아마저도 전기나 수도가 제대로 공급되지 못한다는데, (부모의 출신지인) 지방은 훨씬 더 개발이 뒤쳐졌을 거라고 하던걸. 어떤 곳인지 상상조차 되질 않아."

케네스가 느끼는 곤혹스러움은 어린 라이베리아 난민 대부분이 공유하는 심정이었다.

부두부람 캠프가 위치한 고모아 지역은 아무리 좋게 말하고 싶어도 사회 인프라가 잘 정비되어 있다고 말할 수는 없는 상태였지만, 그래도 캠프는 일단 전기가 공급되고 있었다(정전이 일상다반사였지만). 수도인 아크라도 두 시간이면 닿을 수 있었다. 무엇보다 이 어린 난민들의 또래 친구란 대부분이 캠프에서 함께 생활하는 다른 난민들이나 캠프 주변에서 살고 있는 가나인들로 제한되어 있었다.

그렇다고 케네스가 꼭 캠프 생활에 만족한다는 것은 아니었지만, 아무래도 태어나서 16년이나 살아온 곳이라 애착을 갖기 마련이었다.

더욱이, 이제 막 10대 후반에 들어선 케네스는 부모로부터 독립해서 살기 위한 생계 수단을 마련하기 시작하고 있었다. 몇 달 전부터 캠프에서 사는 비슷한 또래의 난민들과 핸드폰용 선불 카드 파는 일을 시작해서 스스로 수입원을 확보한 것이었다. 부모 세대들은 별로 교류하지 않았던 캠프 주변의 가나 주민들과도 조금씩 교류를 넓히고 있었다.

케네스와 친구들은 자신들이 구축한 이 독자적인 네트워크를 통해 때로는 가나의 건설 회사가 따낸 대규모 건설 공사 현장에서 노동을 하면서 어느 정도 제대로 된 수입을 얻기도 했다.

게다가 케네스는 본국 귀환 이야기가 나오기 직전에 가나인 여자 친구와 이제 막 사귀기 시작했던 터였다. 난민 캠프는 그에게 '일시적인 피난 장소'가 아니었다. 어느새 그의 인생에서 중요한 의미를 갖는 장소로 변모한 것이다.

예상한 일이었지만, 케네스와 아버지인 조지는 본국 귀환 문제로 대립하게 되었다.

어느 날 난 조지의 호출을 받았다. 나를 만나자마자 조지는 나에게 케네스를 설득해 줬으면 한다고 부탁했다.

"이대로 캠프에 머물면 앞날이 어두워. 가나 정부는 라이베리아 난민에게 모두 나가라고 말하고 있다고. 이런 나라에 있어 봤자 좋을 게 하나 없는데…… 케네스는 아직 열여섯 살이니까 라이베리아에 돌아가더라도 얼마든지 새로운 기회를 잡을 수 있어. 아무리 말해도 케네스는 들으려고 하질 않아. 그러니까, 외부자인 너에게 이런 부탁을 해서 미안하지만, 다음에 케네스를 만나면 너도 좀 한마디 해 주면 안 될까?"

"내가 말한다고 듣겠어요? 게다가 케네스가 여기에 남고 싶다는 마음은 알 것 같아요. 그래도 그 아이는 여기에서 나고 자랐으니까요."

내 대답에 조지는 벗겨진 머리를 곤란한 듯 쓰다듬으면서 발밑을 응시할 뿐이었다.

아무리 가족회의를 해도 케네스와 부모의 의견 차는 좁혀지지 않았고, 결국 케네스는 홀로 가나에 남게 되었다.

"가족 모두 함께 라이베리아에 돌아가고 싶어 하는 부모님의 마음을 모르는 건 아니지만, 아무리 생각해도 내가 아무것도 없는 시골에서 농사짓고 사냥하며 사는 모습은 도저히 상상이 안 돼. 나에겐 무리야. 농사도, 사냥도 한 번도 해 본 적도 없고. 게다가 친구들도 모두 여기에 있고 여자 친구가 가나 사람이니까 난 여기에서 (캠프에서) 사는 편이 훨씬 편해."

'캠프에서 나고 자란' 난민 2세, 3세 들에게 라이베리아는 '낯선 나라'가 되어 있었다. 한 번도 모국 땅을 밟아 본 일이 없는 이들의 눈에 UNHCR이 추진하는 '본국 귀환'은 큰 모순으로 비칠 뿐이었다.

되돌릴 수 없는 순간

제1장에서, 현재 난민 지원 현장에서 가장 큰 문제 중 하나가 '장기화된 난민 상태'라고 설명했다. 그 요인 중 하나는 난민의 본국 귀환 진행이 지지부진한 것에 있지만, 부두부람 캠프의 사례를 보면 난민 입장에서 오랜 세월 살아온 수용국을 떠나 모국으로 돌아간다는 것이 결코 쉽지만은 않다는 사실을 이해할 수 있을 것이다.

UNHCR의 정의에 따르면 난민이 된 후 5년 이상 경과하면 '장기화되었다'라고 인정되는데, 라이베리아 내전은 1989년 말부터 2003년까지 14년간 계속되었다. 전투 기간만 보더라도 5년을 훨씬 넘었다.

게다가 내전은 자국민끼리 다투는 것이다. 다른 나라와의 전쟁이라면 정전을 통해 적어도 자국 내에서 적과 마주할 염려가 없겠지만, 국내 분쟁의 경우 휴전 협정 후에도 어제까지의 적과 같은 곳에서 살아야만 하는 것이다.

여기에 더하자면 본국 귀환의 시기를 스스로 선택할 수 없는 것 또한 큰 문제다. UNHCR의 본국 귀환 지원 프로젝트는 예산 사정에 따라 갑자기 실시되는데, 신청할 수 있는 기간도 정해져 있다.

내가 조사하던 당시 캠프에는 2만 명 이상의 난민이 생활하고 있었는데, 이들의 사정은 천차만별이었다.

연구 보조원 중 한 명인 조셉은 당시 가나 대학 3학년이었는데, 대학 졸업 자격을 얻기 위해 무슨 수단을 써서라도 앞으로 2년은 가나에 남을 결심으로, 본국 귀환 캠페인이 한창일 때도 라이베리아 귀환에는 전혀 관심을 두지 않았다.

난민의 '귀환이냐 잔류냐' 하는 고민과 함께, '언제 돌아가지'라는 문제는 또 다른 중요한 포인트였다.

영어로 'The Point of No Return(귀환불가능점)'이라는 표현이 있다.

항공 용어의 하나로, 비행기가 '출발 지점까지 돌아갈 수 있는 연료가 부족해지는 지점'이 본래의 의미지만, '더 이상 돌이킬 수 없는 단계'라는 의미로도 쓰인다. 부두부람 캠프에서 생활하는 라이베리아 난민 일부는 예상보다 길어진 난민 생활 동안 이미 이 'The Point of No Return'을 넘어선 것이 아닐까 하는 생각이 든다.

20년은 참으로 긴 세월이다.

많은 난민들에게 부두부람 캠프는 더 이상 일시적인 피난 장소라 부르기 어려울 것이다. 그곳에는 분명히 난민 한 사람 한 사람이 쌓아올린 '생활'이, 그리고 이들이 만들어 낸 '사회'가 존재했다.

한편, 오랜 세월 떠나 있던 조국에는 이들이 자리를 비운 사이 많은 변화가 있었을 것이다. 라이베리아에 돌아가면 자신이 설 자리가 있을지, 모국 땅에 깊이 내리고 있던 내 뿌리가 이미 말라 버린 것은 아닐지 하는 불안한 생각이 드리울 것이다.

정신이 들면 조국은 어느새 낯선 나라처럼 다가오고, 일시적인 피난처에 지나지 않았던 곳에서 떠나기가 점점 힘들어진다.

많은 난민들에게 '내전 종결=본국 귀환'이라는 공식은 성립되지 않는 것이었다.

UNHCR 등의 원조 관계자 사이에서는 아직도 '난민은 가능한 한 빨리 출신국으로 돌려보내야 한다'고 믿는 사람들이 많다.

조사 기간 중에 UNHCR 가나 사무소의 스태프와 이야기를 나누다가, 그중 한 명인 미국인 스태프와 말싸움을 하기에 이른 적이 있다. 사실 이 스태프는 예전에 내가 캠프 빈곤층 난민에게는 UNHCR의 원조가 필수 불가결이라고 강조했을 때 "이젠 라이베리아 난민들을 공여국에 '세일즈'해도 소용없다. UNHCR도 머지않아 가나에서 철수할 예정이다."라고 한 바로 그 인물이었다(제3장 참조).

현지 조사 중에 몇 번인가 이 스태프를 인터뷰했는데 그의 난민을 내버려 두는 듯한 코멘트에 난 종종 강한 위화감을 느꼈다. 그날도 그는 라이베리아 난민 문제가 해결되지 않는 것은 정전 후에도 본국 귀환을 선택하지 않는 난민 탓이라는 취지의 발언을 했다. 그리고 비꼬는 듯한 톤으로 이렇게 말했다.

"라이베리아 내전이 끝나고 벌써 6년이 넘게 흘러 라이베리아 난민은 언제라도 문제없이 자국으로 돌아갈 수 있는 상태입니다. 공여국에서는 이미 오래전부터 라이베리아 난민에게 관심을 두지 않고 있어요. 몇 년 전부터 UNHCR은 라이베리아 난민에게 본국 귀환을 권해 왔지만, 그래도 아직 가나에 남아 있는 난민들이 상당히 많습니다. 아무래도 이들은 자신들을 둘러싼 상황이 잘 파악되지 않는 모양입니다. 정말 문제예요."

약간의 냉소가 담긴 이 스태프의 말에 난 화가 끓어올랐다. 어딘지 모르게 내 가족이나 친구가, 잘 모르는 사람한테 비난받고 우습게 여겨지는 듯한 느낌이 들었다.

나는 강한 어조로 받아쳤다.

"난민에게 본국 귀환은 말처럼 쉬운 일이 아니라고 생각합니다. 이 캠프에는 2만 명에 달하는 난민들이 살고 있어요. 이들 한 사람 한 사람의 사정은 천차만별이죠. 그중에는 귀환하게 된다면 아직 생명이 위험할 수 있는 난민도 있습니다. 이들은 자신들을 둘러싼 상황을 충분히 이해하고 있다고요."

예상치 못한 내 반론에 이 미국인 스태프는 아연한 표정을 지었다.

'어차피 남 일일 뿐인데 넌 왜 난민 얘기에 그렇게 나서는 거야?'라고 말하는 듯한 얼굴이었다.

당혹스러워하는 이 스태프를 무시하며 난 말을 이어 갔다.

"게다가 UNHCR이 실시하는 본국 귀환은 도대체 계획성을 찾아볼 수가 없어요. 아무런 사전 안내도 없이 갑자기 난민들에게 라이베리아로 돌아갈지 말지를 몇 개월 안에 결정하라고 요구하는 것은 단언컨대 무리한 일입니다. 이들은 이미 너무나도 긴 세월을 캠프에서 지내 왔어요. 라이베리아로 귀환한다고 해도 그에 맞는 준비 기간이 주어져야 하는 것 아닙니까?"

만약에 내가 20년간 영국에서 산 후 어느 날 갑자기 일본으로 귀국할지 아니면 그대로 영국에 남을지를 3개월 안에 결정하라는 말을 듣는다면 상당히 혼란스러울 것이다. 20년이나 지낸 그곳에는 이미 이런저런 생활 기반이 갖춰져 있을 테고, 가족이 있다면 배우자나 아이들의 장래에 대해서도 고려해야 할 것이다.

　장기화된 난민 상태의 경우 본국 귀환이 지지부진한 큰 이유 중 하나는, 공여국이나 UNHCR 등 원조 기관이 이처럼 너무나도 당연한 인간 심리와 개개인의 사정을 무시한 '톱다운(Top down)' 방식으로 본국 귀환을 밀어붙이는 것에도 있다고 생각한다. 지원하는 측에도 한 자락의 책임이 있는 것이다.

　이날 UNHCR 스태프들과 있었던 일을 저녁 식사를 마치고 팬튼과 샘에게 이야기했다.

　"잘했어. 네 말 그대로야. 너도 이제 꽤 '우리들'이랑 가까워졌는데?"

　팬튼은 이렇게 이야기하며 박장대소하고는 내 어깨를 두드려 줬다.

*　*　*

　1년간 계속된 이 대대적인 본국 귀환 추진 프로젝트는 2009년 4월에 종료되었다. 그리고 같은 해 8월에는 라이베리아 귀국을 선택한 난민의 마지막 그룹을 태운 비행기가 가나를 떠났다.

　그리고 그 즈음, 나의 캠프 생활도 점점 막바지에 다다르고 있었다.

9

연구자로서,
그리고 이웃으로서

'이쪽'과 '저쪽'의 차이

일본에서 여름의 무더위가 물러가고 선선한 가을바람이 불어 오기 시작할 무렵이면, 가나는 1년의 반을 차지하는 우기가 끝나가는 때다.

영국으로 돌아갈 날이 다가오고 있었다.

부두부람 캠프에서 지내기 시작한 지 벌써 13개월이 넘게 흘러간 것이었다.

재학 중이던 대학원에서 제공받은 현지 조사 비용은 이미 바닥이 났기 때문에 몇 달 전부터 내 저금을 깨서 조사 비용으로 충당하고 있었는데, 이마저도 얼마 남지 않았다. 런던 대학의 지도 교수님으로부터도 이제 슬슬 현지 조사를 정리하고 영국으로 돌아오는 것이 좋지 않겠냐는 이메일이 몇 차례 와 있었다.

1년 넘게 부두부람 캠프에서 지낸 나는 이제 완전히 캠프의 일부분이 되어 난민 커뮤니티에서 빠지면 안 되는 한 구성원으로 자리 잡고 있었다, 라고 할 수는 없다. 캠프에서 생활한 지 1년이 넘어도, 그리고 체류 기간을 연장한다고 하더라도, 난 이 캠프에서 어디까지나 '아웃사이더'일 뿐이었다.

확실히 '조사하는 쪽과 조사받는 쪽'이라는 경계는 꽤 희미해졌다고 생각한다.

"헤이, 차이니~즈!"라고 길거리에서 말을 걸어오는 일도 없어졌고, 불량해 보이는 사람들이 "이봐, 화이트 맨, 너 여기서 뭐하냐." 라며 시비를 걸어오는 일도 사라졌다.

그렇다고는 하지만 "선진국으로 이주하게 도와줬으면 해.", "대학에 진학하고 싶은데 스폰서 해 주면 안 돼?", "사업을 시작하고 싶은데 돈을 좀 빌려줘." 등의 개인적인 요구는 마지막까지 끊이지 않았다.

당연한 일이다. 대부분의 캠프 주민들 입장에서 보면 난 유복한 아시아 나라에서 학위를 취득하기 위해 기간 한정으로 캠프 생활을 체험하러 온 만사태평한 학생일 뿐이었으니까.

나와 그들 사이에는 결코 좁힐 수 없는 결정적인 차이가 있었다.

나에게는 '돌아갈 곳'이 있었다. 원한다면 언제든지 돌아갈 수 있었다. 앞서 말한 것처럼 캠프에서 머무는 동안 이런저런 사건 사고를 겪었다. 그러나 나에게 그런 사건 사고는 그저 일시적인 체험에 불과하다. 온갖 불편, 각종 병, 그리고 위험과 마주하는 생활은 캠프에서 살아야 하는 난민들에겐 '일상' 그 자체로, 앞으로도 계속 마주해야 하는 것이었다.

많은 부두부람 캠프 주민들은 이미 20년 가까운 세월을 이 낯선 땅의 난민 캠프에서 지내 왔다. 그러나 이곳에서 보내는 시간이 오래되었다는 게 이들의 생활에 도움이 되는 일은 없었다.

아무리 오랜 세월을 가나에서 살고 있다고 해도, 난민은 역시 난민일 뿐이기 때문이다.

겉으로 보기엔 주위 풍경과 차이가 느껴지지 않는 부두부람 캠프지만 난민과 현지 주민 간에는 엄연한 차이가 존재한다.

난민은, 노동 허가가 필요한 합법적인 고용 시장에는 사실상 발을 들일 수 없다. 또한 합법적이지 않은 노동 시장에 참가하는 것조차 마음대로 되지 않는다. 혹시라도 어떤 문제에 휘말리게 될 때, 경찰이나 사법 기관에 도움을 청할 수도 없다. 은행 계좌도 만들 수 없고(당연히 은행에서 대출을 받는다는 것도 불가능하다), 가나 국내에서의 정치적 권리도 크게 제약되어 있다. 물론 투표권도 없기 때문에 자신들의 힘겨운 처지를 누군가가 대표해서 호소하는 일도 없다.

이들이 가나에 머무는 시간이 더 길어진다고 하더라도, 이들이 난민으로 머물고 있는 한 이런 문제에서 벗어나는 일은 없을 것이다.

What is your so-what?

이처럼 가혹한 환경에 놓인 난민들의 일상을 적어 내려가면서 난 대체 뭘 말하고 싶은 걸까?

영어로는 "What is the so-what in your work?(네 작업에서

'소왓'이 뭐야?)"라고 표현한다.

처우도 경력도 피부색도, 모든 것이 다른 일본인 연구자가 아프리카 난민들 속에서 1년이 넘도록 부대끼고 살면서 얻은 것, 즉 'So what'은 무엇이었을까?

세 가지 'So What'이 있다.

우선 첫 번째는, 물질적인 면에서의 부족함과 난민이라는 불안정한 지위에서 생겨나는 권리적인 면의 제약을 제외한다면, 난민 캠프의 사회 구조와 그곳에서 꾸려 나가는 난민들의 삶은 우리들의 그것과 크게 다르지 않다는 점이다.

그 증거로 부두부람 캠프에는 난민들이 만들어 낸 독자적인 정치, 경제 시스템이 존재한다. 다양한 상업 활동과 해외 송금이 캠프의 경제를 떠받치고, 가나 정부가 금지하고는 있으나 캠프에는 실로 다이내믹한 정치가 생겨나 난민들 간의 권력 다툼이 끊이질 않았다.

라이베리아 내전의 주된 요인이었던 민족 간의 불화는 지금 이 순간에도 완전히 사라지지 않은 채, 다양한 민족들이 자신들의 아이덴티티를 지키려 하고 있었다. 그러나 교회나 학교 등 공공장소에서는 민족들을 갈라놓는 장벽이 거의 보이지 않았고, UNHCR이나 가나 정부 등 강력한 권력에 맞설 때에는 민족 간 대립을 넘어선 연대가 생겨났다.

캠프에서 같은 처지에 있는 난민들끼리는, 서로 돕고 격려하는 한편, 질투·대립·배신·따돌림·폭력 등이 생겨나기도 했다.

부두부람은 그야말로 사회의 축소판이다. '얼굴'과 '목소리'를 갖고 이곳에서 살아가는 주민들이 엮어 나가는 '이야기'는 1년이 넘게 지내는 동안 나에게 다양한 표정을 보여 주었다.

그러나 이는 어떤 의미에선 너무나 당연한 일이 아닌가?

본래 '난민'이라는 특수한 인종이나 민족이 있는 것이 아니다.

우리와 똑같은 사람들이, 박해를 당하거나 분쟁에 휘말려 난민이 된 것이다. '난민'이라는 개념은 '국가와 시민'을 기본으로 하는 근대 사회 시스템에서 밀려나 버린 사람들을 총칭하기 위해 인류가 만들어 낸 카테고리에 지나지 않기 때문이다.

두 번째 So What은, 의식주 모두가 부족한 환경 속에서도 캠프 주민들이 보여 준 강인한 생명력, 쓰러져도 다시 일어나는 오뚝이 같은 기백 넘치는 삶의 방식이다.

많은 난민들은 겉으로는 밝아 보이지만, 상상하기조차 힘든 끔찍한 경험과 강렬한 트라우마를 감춘 채 살아가고 있다. 안타깝게도 치유될 수 없는 상처인 경우도 많다. 미래가 보이지 않는 캠프 생활과, 이느새 어색한 존재가 되어 버린 조국 라이베리아…… 외나무다리를 걸어가는 듯한 불안함 속에서 마음의 병을 얻는 사람들도 없지 않다.

그러나 많은 난민들은 밝음을 잃지 않고 씩씩하게 하루하루를 보내며 언젠가 자신에게도 찾아올지 모르는 기회를 기다리고 있었다. 인터넷으로 스폰서를 찾는 일이나 재정착에 대한 집착으로 국제기구 스태프의 비웃음을 사도, 가나 정부 공무원들이 질려 해도 그들은 흔들리지 않는다. 그리고 포기하지 않는다.

어느 날 밤의 일이다. 저녁 식사를 마치고 팬튼, 샘과 잡담을 하면서 '자살' 이야기를 한 적이 있다. 일본에서는 매년 3만 명이 넘는(2009년 당시 기준) 사람들이 자살을 선택한다고 말하자 팬튼과 샘은 상당히 놀란 듯 큰 눈을 더 동그랗게 떴다.

내가 "혹시 지금까지 캠프 주민 중에 자살한 사람이 있어?"라고 물어보자, 팬튼은 고개를 저으며 답했다.

"자살하는 사람이 여기 있을 리가 없잖아. 우린 정말로 죽임을 당할 뻔한 상황에서 살아남기 위해 멀리 이 캠프까지 도망쳤는걸. 여기 있는 사람들 모두 마음속으로 '살고 싶어'라고 생각해."

내가 피부로 느낀 난민들의 강력한 에너지의 원천은 스스로 죽음을 눈앞에서 겪은 사람들만이 가질 수 있는 '살고 싶다'는 소박한 본능에서 오는 것이라고 생각한다.

우리들 인간은 갈대같이 연약한 존재로, 쉽게 마음의 상처를 입기도 하지만, 때로는 의외로 강인하고 무너지지 않는다는 사실을 부두부람의 라이베리아 난민들이 여실히 보여 주었다.

그리고 마지막 So What은, 서아프리카의 난민 캠프라는 '변방'이 부각시키는 근대 사회 제도와 국제 원조 시스템의 '모순'이다.

내가 좋아하는 작가 중 한 명인 후나도 요이치(船戸与一)는 일찍이 "세계의 모순은 특히, 변방일수록 집약된다."고 했다.

마찬가지로 변두리에 초점을 둔 호주의 역사학자 테사 모리스-스즈키(Tessa Morris-Suzuki)는 "변방이라는 존재는 나라의 역사를, 지역의 역사를, 나아가서는 세계의 역사를 다른 시점에서 되짚어 볼 수 있는 여행의 출발점이 되고, 국가나 국민이라는 중심에서는 볼 수 없는 문제를 제기할 수 있다."고 얘기하고 있다.

아프리카 난민 캠프는 그야말로 변방 중 하나인 것이다.

그곳에는 현대 사회의 근간이 되는 '국가와 시민'이라는 사회 계약 관계의 바깥에서 살아갈 것이 요구된 사람들, 즉 '난민'이 살고 있으며, 본래 이들을 보호하는 입장에 서야 할 UN 기관이나 수용국 정부, 선진 공여국 들의 모순 가득한 정책과 자세가 난민들을 고뇌에 빠지게 하고 있다.

난민 문제는, 현대 사회가 직면하는 가장 심각한 '글로벌 이슈' 중 하나다.

이 국제 문제는 지금까지, 도상국에서 생활하는 난민들로부터, 심리적·물리적으로도 가장 멀리 있는 선진국 미디어나 정치가(그리고 일부 학자들)의 언어로 논의되어 왔다.

그들이 제공하는 거시적인 시점의 '세련된 분석'에는, 난민들이 실제로 생활하는 현장에서 발생하는 다양한 모순이나 문제점이 드러나지 않는다(또는 의도적으로 숨겨지기도 한다).

그렇기 때문에 나는 일부러 변방에 있는 난민 캠프에서 살아가는 사람들의 '밑바닥에서 바라본 시선'과 난민들의 생생한 '목소리'를 통해 이 글로벌 이슈에 대한 독자적인 시야를 제공하는 시도를 해 본 것이다.

일본과 난민

이 체류기의 무대는 아프리카지만, 마지막으로 현재 일본과 난민과의 관계에 대해서도 짚어 보고 싶다.

안타깝게도 일본은 '난민에게 차가운 나라'라는 기쁘지만은 않은 평가를 받고 있다.

일본은 오랜 세월 동안 UNHCR의 가장 큰 공여국 중 한 곳이었지만, 자국에의 난민 수용에 관해서는 '쇄국 정책(Closed door policy)'이라며 세계적으로 비난받을 정도로 매우 엄격한 자세를 취하고 있다. 일본 법무성이 발표한 통계에 의하면, 2017년에 접수된 19,629건의 난민 신청 중 난민으로 인정된 케이스는 20건으로 인정률이 고작 0.1%라는 경이롭다고 할 정도의 좁은 문만을 열어 놓고 있다.[*]

덧붙여 말하자면, 내가 현재 거주하고 있는 영국도 난민 수용에 있어서는 소극적인 편으로, 인권 단체 등으로부터 자주 비난을 사고 있지만, 그럼에도 2017년에 접수된 26,547건의 난민 신청중 6,865건에 대해 난민 지위를 인정, 그 인정률은 26%에 달한다(2017년 3월부터 2018년 3월까지의 1년간의 수치). 단순히 일본과 영국을 비교할 수는 없으나, 일본의 '이상한 수치'를 보고 있자면 일본에 '난민 수용을 거부하는 나라'라는 딱지가 붙어도 달리 할 말이 없어진다.

일본의 극단적으로 낮은 난민 인정률에 대해 담당 관청인 법무성은 '난민의 지위에 관한 협약'에 나타난 본래의 난민의 정의(21쪽 참조)에 따라 엄격한 심사를 실시하고 있으며, 그로 인해 인정률이 낮은 것이라고 설명하고 있다.

그러나, 정말 그런 것일까?

나에게는, 난민에 대해 근본적으로 부정적인 견해나 차별적인 자세가 바로 이 이상한 수치가 나오게 된 근거라는 느낌이 든다. 그리고 그런 난민에 대한 나쁜 이미지는 담당 관청을 넘어 지금의

※ 대한민국 법무부가 발표한 통계자료에 따르면 한국의 경우 2018년 한 해 동안 접수된 난민 지위 신청은 모두 16,173건으로 전년도 대비 약 63% 증가한 것으로 나타난다. 같은 해 난민 인정 결정은 144건으로 이 또한 전년도 대비 약 19%가량 증가하여, 2018년의 인정률은 약 0.9%이다. 2001년 처음 난민 지위를 인정한 후 지금까지 누적 신청자 대비 난민 지위 인정률은 3~4% 정도다.

일본을 널리 잠식하고 있다고 나는 생각한다.

이 책의 서두에서 얘기한, 난민이라는 단어를 사용한 가벼운 신조어들인 '인터넷 카페 난민', '주택 대출 난민', '취업 난민', '결혼 난민'에는 '난민'이라는 단어에 모멸감을 주는 뉘앙스가 담겨 있음이 확연히 드러난다.

본래 이처럼 숨겨진 차별을 지적해야 하는 미디어는 이런 오류를 정정하기는커녕, 위와 같이 알 수 없는 신조어를 묻지도 따지지도 않고 사용하고 있다.

그 결과 지금은 '○○ 난민'이라는 표현이 마구 늘어나, 우리의 일상 속에서 별다른 문제의식 없이 사용되고 있다.

나는 '인터넷 카페 난민'이라는 신조어의 기원을 알아보면서 인터넷 뉴스에서 다시 떠올리기조차 싫은 기사를 접했다. '일본 복합 카페 협회'라는 업계 단체가 '인터넷 카페 난민'이라는 말이 '차별적인 신조어'에 해당하며, 인터넷 카페 이용객의 이미지를 해치기 때문에 미디어나 행정 기관이 이러한 표현을 사용하지 않도록 요구했다는 것이었다.

이 협회의 코멘트를 보면 '난민'이라는 표현을 사용함에 따라 인터넷 카페에 오는 고객이 불쾌하게 느끼는 것에 그치지 않고 인터넷 카페 자체의 이미지에 마이너스가 된다고 한다. 이는 '난민'이 불청객이나 패배자를 나타내는 수사(Rhetoric)로 이미 일본에

침투했다는 증거 아닐까?

2015년 말에 일본에 잠시 귀국했을 때, 난민을 지원하는 NGO, 시민 단체, 여러 연구자 들과 교류할 기회가 있었다. 나는 시민 단체의 대표 중 한 명에게 '난민'을 사용한 경멸하는 뉘앙스가 담긴 신조어가 일본에서 널리 퍼지고 있는 상황에 대해 어떻게 생각하는지 물어본 일이 있다. 그때 돌아온 이 대표의 답변을 잊을 수가 없다.

"일본의 많은 사람들에게 난민이란 아직 너무나도 먼 존재입니다. 어딘가 멀리 떨어진 가난한 나라에서 일어난 비참한 일이거나, 연민의 대상일 뿐인 거죠."

'연민의 대상'이라는 것은 어떻게 보면 상대를 자신보다 아래에 두는 것이라고 할 수 있다.

조국을 떠나야 했던 비참한 난민을 도움을 줘야 할 대상으로 보는 것은 가능하지만, 이들이 자신의 옆집에 사는 이웃이 되고 같은 회사의 동료가 되는 모습은 상상할 수 없다는 것이다.

최근 유럽이나 미국에서는 시민 단체가 난민 수용을 거부하는 자국의 정부에 반대해, 인권과 인도적 지원이라는 도의에 기초한 난민 수용을 추진하는 운동이 벌어지고 있다. 나 자신도 영국에서 몇 번인가 ('Refugees are welcome'이라는 이름의) 이런 시민운동에 참가한 일이 있다. 시위 참가자는 대개 난민과는 전혀 관계가 없는 일반 시민들이었다.

그러나 난민 문제가 세계적으로 이만큼 주목을 받게 되었어도, 유감스럽게도 일본에서는 난민의 수용과 지원에 대해 시민들이 주도하는 '시민들의 움직임'은 아직 보기가 힘들다.

정말 난민은 일본인에게 '멀기만 한 존재'인 걸까?

확실히 일본은 난민 발생국은 아니다.

하지만 2011년에 일본을 덮친 동일본 대지진이라는 미증유의 재해로, 또한 동시에 발생한 쓰나미와 원자력 발전소 사고로 인해 수만 명에 달하는 사람들이 피난길에 올랐다. 그리고 2017년 지금도 약 8만 명에 달하는 피난민들이 있다고 한다. '장기화된 난민 상태'까지는 아니지만 '장기화된 피난 상태'라고 할 수 있을 것이다.

인도적 지원 기관 중 한 곳인 국제 적십자사는 '세계 재해 보고 2012년'에서 일본의 지진, 쓰나미, 그리고 원자력 발전소 사고로 인한 피난민을 '강제 이주 피해자'로 소개했다.

이러한 피난민들은 물론 '난민'은 아니지만, 갑자기 덮쳐 온 참사로 인해 정든 내 집과 고향을 떠나야만 했다는 사실은 '난민'과 다르지 않다.

이와 같은 피난민들이 무심한 차별과 온갖 소문들에 시달리고 있다는 기사를 보게 되었다. 이는 '○○ 난민'이라는 수많은 신조어에 담긴 차별 의식과 본질적으로 다르지 않아 보인다.

이렇게 보면 난민으로 대표되는 강제 이주 문제, 그리고 그 피해자들이 끌어안은 고뇌는 일본인에게도 "나와는 상관없어."라고 잘라 말할 수 없는 일이다.

불관용의 시대에서

현재, 난민을 둘러싼 환경은 더할 나위 없이 엄중하다. 지금은 '난민'이라는 것만으로도 적의를 품고 보는 이들이 있을 정도다.

저명한 국제 문제 저널리스트인 오치아이 노부히코(落合信彦)는 2015년 10월 인터뷰에서 프랑스, 영국, 독일에서 발생한 이민자·난민의 급격한 유입으로 인한 범죄나 실업률 증가를 우려하는 한편, 난민들 속에 테러리스트가 숨어들 '가능성'도 언급하며 난민 수용의 미담에 가려진 위험성을 지적하였다.

나는 학생 시절 오치아이 씨가 저술한 논픽션을 빨려 들어가듯 읽어 내려가던 그의 엄청난 팬이었지만, 이 발언만큼은 찬성할 수가 없다.

난민의 존재가 치안 악화나 테러 발생 등으로 이어질 '가능성'만을 논거로 '그러니까 난민 수용은 우리에게 위험하다'라고 주장하는 논법은 일종의 안보중심주의(난민 문제를 인권이 아닌 안전 보장 차원에서만 논의하는 수법)로, 유럽의 보수 정치가, 우익 정당이 빈번하게 사용하는 프로파간다이기도 하다.

그러나 그들이 이러한 논의를 지탱하기 위한 설득력 있는 데이터나 증거를 제시한 경우를 난 한 번도 본 적이 없다.

그러나 유감스럽게도 미국 트럼프 정권으로 대표되는 '난민은 수용국의 경제와 안전 보장상의 위협이 되기 때문에 국민을 지키기 위해 감시를 강화하고 자국 영토에 들이지 않을 것'이라고 주장하는 세력이 세계 각지에서 지지를 모으고 있다.

2016년 6월에 실시된 영국의 유럽 연합(EU) 탈퇴 여부를 묻는 국민 투표가 설마 했던 탈퇴파의 승리로 끝난 배경에는, 틀림없이 이런 논의가 얽혀 있다.

국민 투표 전, 영국독립당(UKIP)이 작성한 'Breaking Point(한계점)'라는 제목의 '반난민수용, 반이민수용' 포스터가 있다. 덧붙여 말하자면, 이 포스터의 사진은 난민과 이민자 들이 크로아티아에서 슬로베니아 국경을 넘는 순간을 찍은 것으로, 영국 국내에서 촬영된 사진도 아니다.

난민을 수용하지 않겠다는 선진국들의 강경한 자세는, 지금까지 이런저런 불만을 말하면서도 이웃 나라에서 온 난민을 허용해 온 개발도상국에도 전파되고 있다.

나는 2016년 3월에서 6월에 걸쳐 조사를 위해 동아프리카의 케냐, 우간다, 르완다 3개국을 차례로 방문했다.

모두 상당한 규모의 난민을 받아들이고 있었는데, 특히 케냐는

2016년 6월 당시 50만 명이 넘는 난민을 수용한 '난민 수용 대국'이기도 했다.

그러나 같은 해 5월, 케냐 정부는 30만 명이 넘는 소말리아 난민이 생활하는 '세계 최대의 난민 캠프'로 유명한 '다답 캠프(Dadaab Camp)'를 치안 악화와 환경 보호를 이유로 폐쇄하겠다고 발표해, 세계의 난민 문제 관계자들에게 충격을 주었다.

발표가 있은 후 UN, 미국 정부, 국제 인권 단체 등이 '다답 캠프' 폐쇄를 비난하며 이 결정을 번복할 것을 요구했지만, 케냐 정부는 '(케냐보다) 경제적으로 월등히 여유로운 선진국들은 난민을

영국독립당의 '반난민수용·반이민수용' 포스터

받아들이는 것을 거부하고 있다'라며 반론을 펼쳤다. '난민 수용의 부담은 본래 국제 사회 전체가 분담해야 하는 것으로, 특정 국가에게만 과도한 짐을 지워서는 안 된다'라고 강하게 주장하기도 했다.(그 후, 케냐의 대법원이 캠프 폐쇄가 위헌 행위에 해당하는 것으로 판단했고, 이 일은 실행에 옮겨지지 않았다.)

만일 '다답 캠프'가 폐쇄되었다면, 그 후폭풍은 상당했을 것이다. 캠프에서 생활하는 30만 명의 소말리아 난민들은, 아직까지도 무정부 상태로 무장 교전이 계속되는 소말리아로 사실상 강제 귀환되는 처지에 놓였을 것이다.

생명의 위험이나 박해를 받을 우려가 있는 국가나 지역에 난민을 송환하는 것은 중대한 국제법 위반이지만, 이를 케냐 정부에 정면으로 지적하며 설득할 수 있는 국가는 없었다.

지금까지 케냐의 난민 정책을 비판해 온 선진국들은, 난민들을 중동이나 아프리카에서 자국으로 수용하기를 거부하고 서로 책임을 미루는 졸렬한 모습을 보여 왔고, 그 결과 난민 문제에 대한 선진국의 '위선'이 부각되었기 때문이다.

국제 사회의 윤리가 흔들리고, 과학적인 근거가 빈약한 '난민=위협', '난민=부담' 론이 맹위를 떨치면서, 본래 인도적·인권 보호적인 관점에서 논의하는 사람들이 급속하게 설 자리를 잃어 가고 있다. 이것이 지금 난민을 둘러싼 상황이다.

난민에게 수난의 시대가 도래했다고 해도 과언이 아닐 것이다.

'불관용'은 오늘날을 상징하는 키워드다.

자신과 타인 사이의 차이를, 용납할 수 없는 대립 관계로 여기고 다른 존재와의 공존을 허락하지 않고 배제한다.

불우한 환경에 놓인 다른 사람에게도 극단적으로 인색해지고, 그런 상황을 야기한 원인을 비판하는 대신 불우한 상황에 처한 사람들(피해자)을 향해 규탄의 화살을 겨눈다.

수 세기에 걸쳐 인류가 쌓아올린 인도주의(Humanitarianism)의 정신은, 점점 커져 가는 이 '불관용'에 밀려나, 지금은 한구석에서 쓸쓸히 웅크리고 있는 모양새다.

자기가 원해서 난민이 된 사람은 없다.

다들 어쩔 수 없는 상황에서 자신과 가족의 목숨, 존엄성, 그리고 미래를 지키기 위해 정든 조국을 떠난 것이다.

난민들에게 '난민이 되기 전'의 시절이 있었다는 사실을 잊어서는 안 된다.

그들 대부분이 모국에서 우리와 마찬가지로 생업에 종사하며 가족을 돌보고, 세금을 내고, 선거 때에는 투표를 하며 모국의 사회를 이끌어 갔다. 그리고 '난민이 된 후'에도 낯선 땅에서 불편한 환경을 마주하면서도, 새로운 생활을 개척하고 자신들의 세상을 보다 살기 좋게 만들기 위해 고군분투하고 있다.

그러나 우리는 그런 난민들의 진정한 모습을 모르고 있다.

난민 문제가 지금 세상이 직면한 가장 중요한 문제 중 하나인 이상, 난민에 대해 제대로 아는 것은 우리가 살아가는 현대 사회를 이해하기 위해 꼭 필요한 작업이다.

쥬디스와의 약속

내가 현재 소속되어 있는 옥스퍼드 대학의 대선배인 데이비드 터튼(David Turton)이라는 인류학 교수가 있다. 에티오피아를 중심으로 오랜 세월 난민에 관해 연구하고 수많은 저서를 남겼다.

예전에 읽은 그의 논문에 "난민이나 빈곤층 등 곤경에 처한 사람들을 대하는 조사가 정당화되는 것은, 그 조사가 어떤 형태로든지 이런 사람들의 고통을 덜어 주는 데 공헌하는 것을 목적으로 할 때뿐이다."라는 문장이 있었다. 혜안이 아닐 수 없다.

나 같은 말단 연구자는 어떻게 공헌해야 할까? 한 가지 구체적인 대답은 이렇게 나의 캠프 체험담을 기록하는 것이다.

부두부람 캠프에서 조사하던 동안 겪은 잊을 수 없는 에피소드가 있다.

'쥬디스'라는 30대 중반의 난민 여성을 인터뷰하기 위해 만난 날의 일이다.

쥬디스는 라이베리아 대학을 졸업한 재원으로, 지금까지 부두부람 캠프를 찾아온 수많은 연구자의 연구 보조원을 맡았다. 두뇌 회전이 빠르고 외국인 연구자에게도 자신의 생각을 확실하게 얘기하는 터프하고 총명한 여성이었다.

캠프에 있는 카페에서 쥬디스와 만나 간단한 자기소개 후 내가 인터뷰 형식의 질문으로 넘어가려 하자, 그때까지 말이 없던 그녀가 입을 열었다.

"잠깐만, 있잖아, 당신 조사에 참가하면 우리 난민들에게 어떤 좋은 점이 있지?"

지금까지 몇 번이고 난민들에게 들어온 질문이다. 으레 등장하는 이 질문에 난 '모범 답안'을 제출했다.

"이 조사 결과를 UNHCR과 가나 정부에게 보고할 거야. 그러면 부두부람 캠프의 난민을 위한 지원 향상으로 이어질 거라고 생각해."

쥬디스는 내 대답이 끝나기도 전에 날카로운 질문을 던지며 끼어들었다.

"당신 정말로 그런 일이 가능하다고 생각해? 당신은 그저 학생일 뿐이잖아? UNHCR이나 가나 정부는 어떤 학생의 연구 결과 따위로 난민에 대한 지원이나 정책을 바꾸는 그런 일은 절대로 하지 않아. 당신 거짓말을 하고 있어."

그녀의 말은 전혀 틀린 곳이 없었다.

할 말을 잃은 나에게 그녀가 이야기를 계속했다.

"당신은 학생이잖아. 당신은 어째서 '난 학위를 취득하기 위해 연구 논문을 쓰고 있어요. 논문을 쓰지 않으면 학위를 받을 수 없으니까 이 조사에 협력해 주세요.'라고 솔직히 말하지 않는 거지? 난 지금까지 몇 번이고 외국에서 온 연구자나 학생과 함께 일했지만 다들 듣기 좋은 소리만 해. 우리가 그런 것쯤 눈치채지 못할 정도로 어리석다고 생각해?"

잠시 침묵하던 나는 이렇게 답했다.

"당신이 말하는 그대로야. 난 내 학위를 받기 위해서 조사하러 왔어. 그리고 나에겐 UNHCR이나 가나 정부의 정책에 직접적인 영향을 줄 만한 힘이 없어. 하지만 그래도 연구 성과를 그들에게 보여 준다는 말은 거짓이 아니야. 원조 기관이나 가나 정부에 캠프의 상황을 알리기 위해서 할 수 있는 모든 노력을 할 거야."

어딘가 애매모호한 나의 대답에 그녀는 한마디 거들어 주었다.

"알겠어. 당신이 학위를 받고 나중에 정말 유명한 학자가 되면 그걸로 된 거야. 그러면 UNHCR이나 가나 정부도 당신의 말에 귀를 기울일지도 모르지. 그러니까 약속해. 당신의 조사에 협력할 테니 꼭 이 조사를 책으로 내 줘. 나에 대한 사례는 그 책에 '쥬디스의 협력이 없었다면 이 책을 쓸 수 없었을 것이다'라고 책에 꼭 쓰는 것. 알았지? 약속이야."

그녀의 날카롭던 시선은 어느새 부드러워졌고, 말을 마친 그녀는 처음으로 내게 미소를 보여 줬다.

＊ ＊ ＊

　캠프에서의 조사를 종료한 2009년 9월로 돌아가 보자.

　현지 조사를 마치고 영국으로 귀국이 얼마 남지 않았던 어느 날, 에머슨과 새뮤얼이 기념사진을 찍자고 제안했다. 캠프를 출발하는 날 아침, 만나기로 한 캠프의 사진관(그렇다. 캠프에는 난민이 운영하는 사진관도 있다!)으로 향했다.

　에머슨은 언제나 아스널(영국의 유명한 축구팀)의 헌 유니폼과 샌들 차림의 모습이었는데, 그날만큼은 흰 셔츠에 검은 바지를 입은, 꼭 교회에 가는 날에나 입을 것 같은 격식 있는 복장으로 나타났다.

　"에머슨, 오늘 옷에 신경 좀 썼는데?"

　내가 놀리자, 그는 웃으며 답했다.

　"응, 특별한 날에만 입는 옷이야. 내 옷 중에 제일 좋은 옷."

　새뮤얼은 호주에 가려던 꿈이 무너진 쇼크를 떨쳐 버린 듯, 원래의 밝은 청년으로 돌아와 있었다.

　사진관까지 함께 걸어가던 중 새뮤얼이 말했다.

　"그런데 너, 다음엔 언제 캠프에 올 거야? 이메일 보낼 테니까 꼭 답장해. 우리를 잊으면 안 돼."

　"응, 알았어."

　기념사진 촬영이 끝나고 내가 수도인 아크라행 합승 버스를 타러 가려 하자 새뮤얼은 사진 한 장을 내게 건넸다.

사진에는 새뮤얼과 처음 보는 젊은 백인 남성이 나란히 서 있었다.

2년 전 여름 방학에 자원봉사를 하러 부두부람 캠프에 와서 한 달 동안 머물다 간 미국인 대학생이라고 했다.

"왜 이 사진을 나한테?"

"우리를 잊지 않았으면 해서 그래."

사진에 찍힌 백인 학생은 미국에 돌아가서도 꼭 새뮤얼과 계속 연락할 거라고 약속했지만, 귀국한 후 새뮤얼이 몇 차례 이메일을 보내도 답장이 없는 모양이었다.

"지금까지 학생이니 연구자니 많은 '화이트 맨'이 캠프를 찾아왔지만, 모두들 캠프를 떠나면 우리들을 잊나 봐. 뭐, 어쩔 수 없지만 말이야."

새뮤얼이 내게 말했다.

아크라행 합승 버스가 출발한 후 난 수첩의 달력을 펼쳤다. 부두부람 캠프에서 조사를 시작한 날부터 내가 머문 날을 세어 보고 싶었기 때문이었다.

그날은 2009년 9월 14일.

조사를 시작한 지 401일째가 되는 날이었다.

글을 마치며

그 후의 부두부람

나는 2009년 9월에 현지 조사를 마치고 영국으로 돌아왔다.

지도 교수님에게 쫓기듯 박사 학위 논문을 탈고하고 2012년에 학위를 받았다. '연구자'라는 입장의 나와 부두부람의 난민들과의 관계는 이렇게 일단락이 지어진 것이다.

그러나 '이웃', '친구'로의 관계는 이후에도 계속되었다.

나는 캠프를 떠난 후에도 몇몇 난민들과 이메일, 전화, 스카이프를 통해 자주 연락을 주고받았다.

내 연구 보조원 중 한 명인 조셉은, 가나에서 무사히 대학을 마치고 2011년 6월에 라이베리아로의 귀환을 결심했다. 졸업을 축하하는 뜻으로 조출하나마 100파운드를 송금했다. 라이베리아로 귀국한 후에는, 떠오르는 태양과 같은 기세의 중국 무역 회사에 취직하여 수입 담당자로 활약하고 있다.

시터와 존 부부는 2009년에 라이베리아로 귀환한 후 한동안 연락이 끊어졌지만, 2011년에 다시 소식이 닿았다. 본국 귀환을 망설이던 존은, 귀국한 후 반년 만에 수도인 몬로비아의 어느 초등학교에서 교편을 잡게 되었다고 했다. 그는 돌이켜 생각해 보면 그때 시기적절하게 라이베리아로 귀환해서 다행이라며 이메일로 소식을 전해 왔다.

한편, 부두부람 캠프에 남기로 결심한 난민들에게 2012년은 큰 전환기였다. 연초에 UNHCR이 2012년 6월 말을 기해 전 세계에 있는 라이베리아 난민들의 난민 지위를 정지하겠다고 발표한 것이다.

이는 '난민의 지위에 관한 협약' 제1조 '난민 지위의 적용 정지' 조항이 발동된 것으로, 그 이유는 '라이베리아 내전 종료 후 이미 10년 가까이 경과했으며, 라이베리아 난민을 난민이 되게 한 이유가 더 이상 존재하지 않는다'라는 것이었다.

그리고 UNHCR은 이번이야말로 정말 마지막이 될 '본국 귀환 지원 프로젝트'를 실시한다고 발표했다.

2012년 1월 당시 부두부람에는 아직 1만 1,000명 정도의 라이베리아 난민이 생활하고 있었는데, UNHCR은 같은 해 3월 말까지 본국 귀환 신청서를 접수한 자에 한해 1인당 현금 300달러를 귀국 지원금으로 주겠다는 큰 혜택을 내세웠다. 그야말로 '폐업 처분 바겐세일'을 연상시키는 일이었다.

이번 난민 지위 정지 소식을 접한 라이베리아 난민들은 개개인의 사정에 따라 다양한 반응을 보였다.

제3장에서 소개한 주머니 사정이 넉넉한 존스는, 가나에서의 생활을 정리하고 라이베리아로 귀환했다.

"이대로 가나에 남는다고 해도 별 볼 일 없을 거야. 때가 온 거라고 생각해."라며 전화로 내게 소식을 전한 그는 UNHCR의 지원금을 받을 수 있는 귀환 지원 프로그램의 시작을 기다리지 않고 자신의 힘으로 작은 트럭을 빌려 라이베리아로 돌아갔다. 물론 그가 매우 아끼는 드럼 세트도 함께. 미국에 있는 친척으로부터 상당한 액수의 해외 송금을 받고 있던 존스는, 귀국에 필요한 비용을 스스로 충당할 능력이 있었다.

한편, 2012년에 난민 지위가 정지된 후에도 부두부람에 남은 사람들도 많이 있었다.

"라이베리아엔 절대로 돌아가지 않아. 난민 지위가 없어져도 가나에서 살 거야."

새뮤얼, 낸시, 리차드는 이렇게 말하며 부두부람에 남았다. 라이베리아에서 어두운 과거를 경험한 그들에게 '난민 지위의 적용 정지'는 어디까지나 각국 정부나 공여국, UNHCR과 같이 '높으신 분들'이 일방적으로 정한 것으로, 난민 개개인의 인생과는 전혀 별개의 문제였다.

어네스티와 아이들은 케빈네 집에서 함께 살기 시작했다. 그때까지 어네스티 가족이 신세를 지던 라이베리아 난민 가족이 2012년에 귀국하기로 결심했고, 그 집의 소유주인 가나 사람은 이 집에서 계속 살고 싶으면 월세 30달러의 6개월 치를 선불로 지불하라고 어네스티에게 요구했다. 하루하루 끼니를 걱정해야 하는 어네스티 가족에게 180달러를 한 번에 낼 여유가 있을 리 만무했다.

결국 케빈네 집으로 이 다섯 식구가 들어가게 된 것이었다.

어네스티네 경제 사정을 알고 있는 케빈네 가족은, 이들에게 월세를 받지 않을 뿐 아니라 매일 식사도 챙겨 주고 있었다. 케빈은 자신의 가족(부인과 아이 한 명) 외에도 사실상 어네스티네 가족을 부양하고 있었던 것이다. 2012년 12월에는 케빈이 일하던 UNHCR의 파트너 NGO가 부두부람 캠프에서 철수했고, 케빈의 주머니 사정도 점점 어려워지고 있었다. 2013년에 전화 통화를 했을 때, 평소에 힘든 내색을 하지 않던 케빈이 속마음을 내비쳤다.

"가족 둘을 돌보자니 너무 힘드네."

UNHCR의 발표에 의하면, 2012년 6월 이후에도 약 7,000명의 라이베리아 난민이 가나에 잔류했다.

이들에게는 더 이상 난민 자격이 주어지지 않았고, 그렇다고 해서 가나 시민권을 취득한 것도 아니었다. 지금은 가나 정부로부터 '(경제적) 이민'이라는 자격을 부여받아 체류하고 있다.

가나 난민국은 공식적으로는 부두부람 캠프의 '폐쇄'를 발표했지만 캠프 부지와 기존 시설은 그대로 방치했기 때문에, 남아 있는 '전' 난민들은 이 '폐쇄된' 캠프에서 전과 다름없이 생활하고 있다.

알폰소는 2010년이 끝나갈 무렵부터 연락이 끊어지고 말았다. 핸드폰도 끊어져 있었고, 몇 번 이메일을 보내도 답이 없었다.

연구 보조원이었던 조셉의 말에 의하면 알폰소는 부두부람 캠프를 떠나, 같은 서아프리카 나라인 나이지리아로 갔다고 한다. 나이지리아 몇몇 대학에 난민을 위한 장학금 프로그램이 있는데 알폰소가 그중 하나에 합격했다는 것이었다.

그는 지금쯤 산처럼 쌓인 책들과 씨름하는 나날을 보내고 있을까? 연구자가 되겠다는 목표를 이루었을까?

난 드디어 학위를 받았다는 소식을 그에게 전하고 싶었다.

그리고 "그래서 연구의 주제가 뭐야?"라는 질문을 그에게 되던져 보고 싶었다.

잊혀진 난민들

부두부람 캠프에서 지낸 경험을 일본어로 적어 보고 싶다는 생각이 처음 든 때는 2011년이었다. 라이베리아 난민들에 대한 난민 지위 정지가 발표된 바로 그해였다. 그러나 그 후 난 바쁜 삶 속에서 이 중요한 숙제를 잠시 옆으로 밀어 두었다.

미뤄 두었던 캠프 체류기를 꼭 써야겠다고 결심한 건 2015년 봄이었다.

아프리카 대륙에서 지중해를 건너는 '난민 보트'가 미디어의 주목을 받았고, 400만 명에 달하는 시리아 난민들의 대규모 탈출은 일본을 포함한 세계 사람들에게 충격을 주었다.

그때부터 세계 각지에서 '난민 위기'가 히스테릭하게 울려 퍼지게 되었다.

이 시기에 난민 문제가 세계에서 큰 주목을 받기 시작한 가장 큰 이유는, 이 난민들 일부가 유럽까지 밀려들었기 때문이었다.

그러나 현재, 세계에 있는 약 2,500만 명의 난민 중 90% 가까이는 아프리카를 중심으로 한 개발도상국에 머물고 있으며, 그중 반 이상이 부두부람 캠프의 난민들과 같은 장기화된 난민들이다.

유럽까지 흘러든 일부 난민이 세계로부터 주목받는 한편, 대부분의 난민은 세상의 눈과 귀에서 먼 개발도상국의 난민 캠프나 도시 한켠에서 조용히, 하지만 너무나도 힘들게 고된 삶을 이어 가고 있다.

오해는 하지 말아 주었으면 한다. 나는 결코 어떤 난민들이 더 중요하다고 순서를 매기자는 것이 아니다.

단지, 지금 세계가 직면한 난민 문제의 본질은, 장기화된 탓에 공여국이나 UN 기관이 더 이상 관심을 두지 않는 '잊혀진 난민들'에게 있으며, 이들의 존재에도 더 큰 관심을 기울여야 한다고 이야기하고 싶을 뿐이다.

난민 문제가 세계의 관심을 받게 되면서 최근 몇 년간 UN이나 미국 정부가 주최한 난민에 관한 대규모 국제회의가 차례로 개최되었다.

난 그중 몇몇 회의에 옵저버로 출석했다.

그러나 그곳에서 당사자인 난민의 모습은 찾아볼 수 없었다. 대신 국제 원조 기관의 관리직이나 주요 공여국, 난민 수용국의 정부 고관들이 난민 문제의 해결책을 논의하고, 그들이 난민에게 좋다고 생각하는 미래를 제안하는, 아무리 봐도 이상한 광경이 펼쳐지고 있었다.

당사자가 없는 상태에서 회의 주최자와 참가자 들에게 유리한 안이 채택·추진될 위험성을 지니고 있었기 때문이다.

난 일반인들이 접할 기회가 거의 없는 '있는 그대로의 난민'의 모습을 담아내어 많은 사람들이 조금이라도 난민을 '알 수 있는' 기회가 되었으면 좋겠다는 마음으로 이 책을 집필했다.

독자가 충격을 받을 만한 큰 사건도 등장하지 않고, 놀랄 만한 새로운 사실이 밝혀지는 것도 아니다. 난 '연구자'인 동시에 '이웃'의 입장에서 난민을 접한 사람으로서, 이들에 대한 '진솔한' 견해를 함께 나누고 싶었다.

우리가 지금과 같은 난민의 수난 시대에 살고 있기 때문에 '현장에서 뛰는 연구자'로서 난민들과 직접 이야기 나누고, 그들에 가까운 시선으로 '난민으로 살아간다는 것'에 대해 알리고 싶다.

여기에는 중요한 의의가 있다고 생각한다.

본업이 작가가 아닌 내가 이 체류기를 통해 그 강렬한 메시지를 얼마나 잘 담아낼 수 있을까, 내 부족한 표현력에 그저 답답한 마음이었다. 적어 내린 문장들을 다시 읽을 때마다 난민들과의 경험이 읽는 사람에게 제대로 전달될 수 있을까, 꼭 쓰고 싶었던 '무언가'가 어딘가 빠져 있지는 않은 걸까 불안했다.

그럼에도 부끄러운 마음을 감추고 집필을 계속한 것은, 일본을 포함한 국제 사회의 윤리 도덕이 급속히 붕괴되는 속에서 난민들이 국가 안전이나 경제를 위협하는 존재로 일방적인 희생양이 되는 상황을 앞에 두고, 난민들의 있는 그대로의 일상생활에 대한 이야기를 풀어나가는 것이 부족하나마 내가 공헌할 수 있는 것이라고 생각했기 때문이다.

학문의 세계에서는 종종 '데이터로 얘기하라'고 한다.

내가 믿고 의지할 것은 난민 캠프에서 보낸 나날들, 그리고 난민들의 생생한 목소리다.

어설프게 포장하기보다는 재료를 있는 그대로 내보이기로 했다. 난민들이 살아가는 모습 자체에 놀랄 만한 가치가 있기 때문이다.

나에게 부두부람이란

아카데미아에 뜻을 두고 런던 대학 박사 과정에 입학한 때는 2007년, 그때부터 10년 이상이 지난 지금 내가 내린 선택을 돌아보는 일도 있다. 연구자의 입장에서 난민의 경제·사회 활동의 향상에 공헌하고 싶다는 이유로 아카데미아의 길을 선택했지만, 그 당시 세운 목적이 지금도 흔들리지 않고 있는 걸까 시시때때로 스스로에게 묻고 다짐해야 한다.

지난 10년 동안 아마 조사 방법에 관한 내 지식이나 분석 스킬은 발전했을 것이다. 그럼에도 난민 정책에 난민들의 실생활을 향상시키는 방향으로 영향을 줄 수 있는 연구를 해낸다는 것은 결코 쉽지만은 않다는 현실을 통감하고 있다. UNHCR이나 난민 수용국 정부, 그리고 공여국들의 사정이 복잡하게 교차하는 난민 지원의 현장에서 단순히 '학술적으로 옳다'는 이유만으로 연구자의 제안이 채택되는 일은 극히 드물다. 이런 점에서는 연구자의 한계를 실감하는 수밖에 없다.

각지에서 연구에 대해 강연한 후, 참가자들로부터 종종 "난민들을 돕기 위해 연구하시는 모습이 훌륭합니다."와 같은 칭찬을 듣는 일이 있다. 그럴 때마다 난 설명하기 어려운, 몸 둘 바를 모르는 마음이 된다. '사람이 사람을 돕는다'는 것은 상당히 힘든 일인데, 솔직히 말하자면 일개 학자가 목표로 삼기에는 허들이 너무 높은 것이 아닌가 하는 생각이 들기도 한다.

그러나, 그럼에도 이를 달성하려는 의지를 보다 굳건히 해야만 한다. 앞서 소개한 데이비드 터튼 선생님의 가르침이 소중하다는 것을 이 세계에 몸담은 시간이 길어지면 길어질수록 더욱 절절히 느끼고 있다.

* * *

부두부람 캠프에서 보낸 401일은, 그 후 내가 학자로서 설 자리를 결정하는 데 결정적으로 중요한 역할을 해 주었다.

박사 과정을 수료한 후, 운 좋게도 옥스퍼드 대학의 난민연구센터에서 일하게 되어, 좀 돌아오기는 했지만, 연구자의 대열에 들어갈 수 있었다. 취직할 때 부두부람 캠프에서 생활하는 난민의 경제 활동을 조사한 논문이 높은 평가를 받은 것이다.

대학에서의 경쟁은 치열하다.

학자로의 평가는 저명한 학술지에 얼마나 많은 논문을 발표했는지로 정해진다고 해도 과언이 아니다. 이를 위해서는 단시간에 현지 조사를 효율적으로 해내고 재빨리 데이터를 분석하여 이를 가능한 한 빨리 논문으로 발표해야 한다. 대학의 입장에서도 이처럼 '생산성이 높은 연구자', '효율적인 조사'를 요구한다.

장기간에 걸쳐 난민 캠프에 머물면서 난민의 목소리와 마음 깊은 곳의 굴곡, 그들의 이야기와 사건을 차근차근 수집하는 방법은 모양새가 좋지 않다. 시간이 걸린다. 비용이 들어간다. 현지 조사 기간이 긴 만큼 논문 집필에 드는 시간은 줄어든다.

그럼에도 난 가능한 한 부두부람 캠프에서 했던 스타일로 연구를 진행하고 있다.

직접 현장에 나가서 난민들과 가능한 한 긴 시간을 함께하고, 그들의 생활을 직접 내 눈으로 보고 많은 사람들의 이야기를 내 귀로 듣는다.

침묵이나 깊은 한숨에도 중요한 뉘앙스가 담겨 있다는 것을 가르쳐 준 사람들이 다름 아닌 부두부람 캠프의 라이베리아 난민들이었다.

귀를 기울이고, 눈여겨 들여다보면, 스포츠카를 타고 고속도로를 내지르는 듯한 조사 방법으로는 보이지 않는 난민들의 속마음이나, 이들의 사람 냄새 나는 본 모습이 캠프의 일상적인 풍경 속에서 서서히 보이기 시작한다.

나는 지금도 그런 순간을 즐기며 '효율성 나쁜' 연구를, 상사의 미움을 사면서도 계속하고 있다.

* * *

부두부람 캠프에서의 현지 조사를 마친 지 벌써 8년이란 시간이 흘렀다. 부두부람 캠프 이후에도 난민 캠프 몇 곳을 방문하여 현지 조사를 실시했다. 최근에는 동아프리카의 우간다, 케냐, 에티오피아, 잠비아를 중심으로 일하고 있다.

지금, 이 문장을 써 내려가고 있는 곳은 케냐 북부에 위치한 카쿠마 난민 캠프다. 격렬한 내전이 계속되는 남수단의 국경까지 겨우 100킬로미터 정도 떨어져 있다.

1992년에 설립된 이 캠프에는 현재 약 17만 명의 난민들이 생활하고 있다. 이곳도 부두부람 난민 캠프와 마찬가지로 조국을 떠나 낯선 땅에서 만난 사람들이 새로운 커뮤니티를 꾸리고 있다. 이들 역시 때로는 서로 의존하고, 때로는 서로 다투면서 그렇게 씩씩하게 살아가고 있다.

이곳 카쿠마 난민 캠프에서도 부두부람에서 만난 조셉, 케빈, 시터, 팬튼, 샘, 리차드, 에머슨, 패트리샤, 어네스티, 벤자민과 같은 개성 있고 매력 넘치는 난민들과의 만남이 있었다.

2016년부터는 이들의 안내와 도움을 받으며 그렇게 이 캠프에서 현지 조사를 진행하고 있다.

'들어가며'에서 소개한 알폰소의 메시지가 지금도 내가 난민 조사를 진행하는 주춧돌이 되어 준다.

"Look into our life deeply with your own eyes and listen to our voices.(네 눈으로 직접 우리의 삶을 깊이 들여다봐 줘. 그리고 우리의 목소리에 귀 기울여 줘.)"

아프리카인, 신실한 기독교인, 채식주의자, 맨유 열혈 팬, 그리고 난민

2020년 6월 20일 초판 1쇄 발행

지은이 오마타 나오히코 · **옮긴이** 이수진
펴낸이 류지호 · **상무이사** 양동민 · **편집이사** 김선경
편집 이기선, 정회엽, 곽명진 · **디자인** 김효정
제작 김명환 · **마케팅** 김대현, 정승채, 이선호 · **관리** 윤정안

펴낸 곳 원더박스 (03150) 서울시 종로구 우정국로 45-13, 3층
대표전화 02) 420-3200 · **편집부** 02) 420-3300 · **팩시밀리** 02) 420-3400
출판등록 제300-2012-129호(2012. 6. 27.)

ISBN 979-11-90136-19-8 (03330)

이 도서의 국립중앙도서관 출판예정도서목록(CIP)은
서지정보유통지원시스템 홈페이지(http://seoji.nl.go.kr)와
국가자료종합목록 구축시스템(http://kolis-net.nl.go.kr)에서 이용하실 수 있습니다.
(CIP제어번호 : CIP2020023438)